SIMTAIL

심승아
심플디테일
소방학개론

스타트업
핵심지문 OX

SIMPLE DETAIL

심승아 선생님

- 現 메가소방 소방학개론/소방관계법규 전임
- 前 일타클래스 소방설비기사 전기/기계 전임
- 前 모아소방학원 소방설비기사 전기/기계 전임
- 前 한방유비스(주) 등 소방설계 및 내진기획 실무 경력

저서

- 심승아 Simple·Detail 소방학개론
- 심승아 Simple·Detail 소방관계법규
- 심승아 Simple·Detail 소방학개론 기출문제집
- 심승아 Simple·Detail 소방관계법규 기출문제집
- 심승아 Simple·Detail 소방학개론 심기일전 단원별 예상문제집
- 심승아 Simple·Detail 소방관계법규 심기일전 단원별 예상문제집
- 심승아 Simple·Detail 소방학개론·소방관계법규 단권화 노트
- 심승아 Simple·Detail 소방학개론 심의 한 수 파이널 모의고사
- 심승아 Simple·Detail 소방관계법규 심의 한 수 파이널 모의고사

INTRO
들어가며

본 교재(스타트업)는 기존에 출제된 문제의 선지들을 활용하여 만든 것으로 문제풀이의 첫 시작 단계입니다.

4지선다형(객관식)이 아닌 선지 하나하나를 분석하여 정확한 정답을 찾아내야 하므로 일반 객관식 문제의 정답을 찾는 것보다 어려울 수 있습니다.

특히 소방학개론은 과목 특성상 표현방식이 다양하기 때문에 OX 문제가 더 어렵게 느껴질 수 있습니다.

하지만 실제 출제된 선지들을 꼼꼼하게 분석해봄으로써 출제자의 의도를 생각해보며 본인이 알고 있는 개념으로 어떻게 접근해야 하는지 연습할 수 있고, 암기하는 데 큰 도움이 되어, 추후 문제를 풀어나감에 있어 해결 능력을 향상시킬 수 있을 것입니다.

수험생의 소방공무원의 꿈에 한 층 더 다가갈 수 있길 응원하겠습니다.

2024년 7월
심승아 드림

CONTENTS 이 책의 차례

PART 01 연소

CHAPTER 01 기본이론 010
- 01 물질의 변화 010
- 02 온도 011
- 03 기체반응의 법칙 012

CHAPTER 02 연소이론 013
- 01 연소의 정의 013
- 02 연소의 조건(3·4요소) 014
- 03 연소범위(물적 조건) 018
- 04 인화점, 연소점, 발화점(에너지 조건) 022
- 05 자연발화 026

CHAPTER 03 연소의 분류 028
- 01 불꽃유무에 따른 연소 028
- 02 물질 상태별 연소형태의 종류 028
- 03 정상·비정상연소 032
- 04 이상연소 현상 033

CHAPTER 04 연소생성물 035
- 01 연소가스 035
- 02 연기 037
- 03 열 041
- 04 화염(불꽃, Flame) 043

PART 02 폭발

CHAPTER 01 폭발이론 048
- 01 폭발 048
- 02 폭발의 분류 049
- 03 폭연, 폭굉 059

CHAPTER 02 폭발 예방 및 보호 062
- 01 폭발의 방지대책 062
- 02 폭발등급 063

PART 03 화재

CHAPTER 01 화재이론 066
- 01 화재의 정의 066
- 02 화재의 분류 066
- 03 기타 화재 073

CHAPTER 02 화재조사 074
- 01 화재조사 이론 074
- 02 화재조사 및 보고규정 075
- 03 소방활동 검토회의 080

PART 04 건축물 화재 및 방재

CHAPTER 01 건축물의 화재 084
- 01 건축물 화재의 진행단계 084
- 02 건축물 화재의 특수 현상 089
- 03 목조 · 내화건축물 화재 095
- 04 화재 용어 097

CHAPTER 02 건축방재 100
- 01 건축물의 내장재료 및 구조 100
- 02 건축물의 방화구획 및 방화설비 100
- 03 건축물의 용어 102
- 04 건축물의 방재계획 102
- 05 건축물의 피난계획 102

PART 05 소화

CHAPTER 01 소화이론 106
- 01 소화의 기본 원리 106
- 02 물리적 소화방법 106
- 03 화학적 소화방법 110

CHAPTER 02 소화약제 111
- 01 물 소화약제 111
- 02 포 소화약제 116
- 03 강화액 소화약제 120
- 04 산 · 알칼리 소화약제 120
- 05 이산화탄소 소화약제 121
- 06 분말 소화약제 123
- 07 할론 소화약제 126
- 08 할로겐화합물 및 불활성기체 소화약제 128

PART 06 위험물

CHAPTER 01 위험물이론 134
- 01 위험물의 정의 134
- 02 위험물의 분류 134

CONTENTS 이 책의 차례

PART 07 소방시설

CHAPTER 01 소방시설 152
- 01 소방시설의 분류 ······ 152

CHAPTER 02 소화설비 154
- 01 소화기구 ······ 154
- 03 옥내소화전설비 ······ 158
- 04 스프링클러설비 ······ 162
- 05 옥외소화전설비 ······ 167
- 06 펌프 ······ 168
- 07 물분무소화설비 ······ 169
- 09 포 소화설비 ······ 169
- 10 이산화탄소 소화설비 ······ 171
- 11 분말 소화설비 ······ 172

CHAPTER 03 경보설비 173
- 01 자동화재탐지설비 ······ 173
- 02 시각경보기 ······ 179
- 04 단독경보형 감지기 ······ 179
- 05 비상경보설비 ······ 179
- 06 비상방송설비 ······ 180
- 07 자동화재속보설비 ······ 180
- 08 누전경보기 ······ 181
- 09 가스누설경보기 ······ 181

CHAPTER 04 피난구조설비 182
- 01 피난기구 ······ 182
- 02 인명구조기구 ······ 182
- 03 유도등 ······ 183
- 04 비상조명등 및 휴대용 비상조명등 ······ 184

CHAPTER 05 소화용수설비 185
- 01 상수도소화용수설비 ······ 185

CHAPTER 06 소화활동설비 186
- 01 제연설비 ······ 186
- 02 연결송수관설비 ······ 186
- 03 연결살수설비 ······ 187
- 04 비상콘센트설비 ······ 187
- 05 무선통신보조설비 ······ 188

PART 08 소방조직

CHAPTER 01 소방조직 … 192
- 01 소방조직관리 기초이론 …… 192
- 02 소방의 발전과정 …… 192
- 03 소방행정체제 …… 199
- 04 소방자원관리(인적) …… 203

PART 09 소방기능

CHAPTER 01 소방기능 … 210
- 02 소방활동 등 …… 210
- 03 소방전술 …… 211
- 04 구조·구급 행정관리 …… 213
- 05 구조·구급 활동 …… 214
- 06 응급의료 …… 214

PART 10 재난관리

CHAPTER 01 재난이론 … 220
- 01 재난의 분류 …… 220
- 03 재난의 특징 …… 221
- 04 사고연쇄반응이론 …… 221
- 06 재난관리 방식별 장단점 비교 …… 222
- 07 재난관리 단계별 주요 활동 내용 …… 223

CHAPTER 02 재난 및 안전관리 기본법 … 224
- 01 목적 …… 224
- 02 용어 정리 …… 224
- 04 재난 및 안전관리 업무의 총괄·조정 …… 227
- 05 안전관리기구 및 기능 …… 227
- 06 재난안전대책본부 등 …… 229
- 07 안전관리계획 …… 231
- 08 재난의 4단계 …… 232
- 09 안전문화 진흥 …… 238

SILVITAIL

PART

I

연소

CHAPTER 01 기본이론
CHAPTER 02 연소이론
CHAPTER 03 연소의 분류
CHAPTER 04 연소생성물

CHAPTER 01  기본이론

LINK 20~23p

1 물질의 변화

LINK 20~21p

해설

001
물질의 온도변화 없이 상태의 변화가 있는 것을 **잠열(숨은열)**이라고 한다.

001 〔기출〕 물질의 온도변화 없이 상태의 변화가 있는 것을 감열이라고 한다. O | X

002
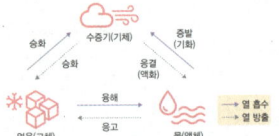

002 〔기출〕 융점은 대기압 하에서 고체가 용융하여 액체가 되는 온도를 말한다. O | X

003
잠열(숨은열)은 온도의 변화를 수반하지 않고 상의 변화로 생성되는 에너지이며 **현열(감열)**은 상의 변화를 수반하지 않고 온도변화가 있을 때 필요한 에너지를 말한다.

003 〔기출〕 현열은 온도의 변화를 수반하지 않고 상의 변화로 생성되는 에너지이며 잠열은 상의 변화를 수반하지 않고 온도변화가 있을 때 필요한 에너지를 말한다. O | X

004
물의 비열: 1[kcal/kg·℃], 1[cal/g·℃]

004 〔기출〕 비열은 단위 질량의 물체 1g을 1℃ 올리는 데 필요한 열량과 물 1g의 온도를 1℃ 올리는 데 필요한 열량과의 비율을 말한다. O | X

005
Btu는 영국단위이다.

005 〔기출〕 1Btu는 1lb의 물을 1°F 높이는데 필요한 열량을 말한다. O | X

정답
001 × 002 ○ 003 × 004 ○
005 ○

006 아래 그림을 보고 답하시오.

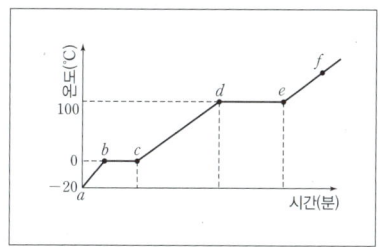

① 구간 b~c, 구간 d~e에서 잠열을 흡수한다. O | X
② 구간 a~b, 구간 c~d, 구간 e~f에서 현열을 흡수한다. O | X
③ 구간 b~d에서 흡수하는 열량은 약 80cal이다. O | X
④ 구간 b~e에서 소요되는 열량은 약 539cal이다. O | X

006
③ 구간 b~d에서 흡수하는 열량은 약 180cal이다.
④ 구간 b~e에서 소요되는 열량은 약 719cal이다.

007 10℃ 물 1g이 수증기 100℃가 되려면 539[cal]가 필요하다. O | X

007
10℃ 물 1g이 수증기 100℃가 되려면 629[cal]가 필요하다.

008 원자핵반응에서 반응계 질량의 총합이 생성계 질량의 총합보다 증가하는 반응은 발열반응이라고 한다. O | X

008
[발열반응]

정답
006 ① O ② O ③ X ④ X
007 X 008 O

2 온도

LINK 21~22p

009 섭씨온도란 1기압 상태에서 물의 어는점을 0[℃], 끓는점을 100[℃]로 100등분한 것이다. O | X

정답
009 O

CHAPTER 01 기본이론 11

해설

정답
010 ○

☐☐☐ 예상
010 화씨온도란 1기압 상태에서 물의 어는점을 32[°F], 끓는점을 212[°F]로 180등분한 것이다.   O│X

3 기체 반응의 법칙   LINK 22~23p

해설
011
기체 반응의 법칙 중 **샤를의 법칙**은 일정한 압력에서 기체의 부피는 절대온도에 비례한다는 것이고, **보일의 법칙**은 일정한 온도에서 기체의 부피는 압력에 반비례한다는 것이다.

☐☐☐ 예상
011 기체 반응의 법칙 중 보일의 법칙은 일정한 압력에서 기체의 부피는 절대온도에 비례한다는 것이고, 샤를의 법칙은 일정한 온도에서 기체의 부피는 압력에 반비례한다는 것이다.   O│X

정답
011 ×

CHAPTER 02 연소이론

1 연소의 정의

LINK 24p

012 기출
연소는 가연성 물질이 산소와 만나 빛과 열을 수반하며 급격히 산화하는 현상이다. O|X

013 기출
산화제는 자신은 산화되고 다른 물질을 환원시킨다. O|X

해설

013
산화제는 자신은 **환원**되고 다른 물질을 **산화**시킨다.

014 기출
전자를 얻는 것은 산화반응, 전자를 잃는 것은 환원반응이라 한다. O|X

014
전자를 얻는 것은 **환원반응**, 전자를 잃는 것은 **산화반응**이라 한다.

015 기출
수소를 잃는 변화도 산화반응이다. O|X

015

구분	산소	수소, 전자
산화반응	얻다	잃다
환원반응	잃다	얻다

016 예상
산화반응과 환원반응은 동시에 일어난다. O|X

017 예상
모든 산화반응은 연소이다. O|X

017
철이 녹스는 현상은 산소와 결합하는 산화반응에 의해 일어나는 현상이다. 하지만 빛과 열을 수반하지 않았기 때문에 연소라고는 볼 수 없다.
→ 연소가 일어나기 위해서는 급격한 산화반응현상 + 빛과 열을 수반하여야 한다.

정답
012 O 013 × 014 × 015 O
016 O 017 ×

해설
018
활성화에너지란 화학반응이 진행되기 위한 **최소**의 에너지를 말하며 그 값이 **작을수록** 반응속도가 빠르다.

□□□ 예상

018 활성화에너지란 화학반응이 진행되기 위한 최대의 에너지를 말하며 그 값이 클수록 반응속도가 빠르다.   O X

정답
018 ×

2 연소의 조건 (3·4요소)   LINK 25~29p

해설
019
고체물질, 조연성물질, 촉매는 연소의 3요소이다.
→ 촉매는 연소의 4요소에 해당한다.

□□□ 예상

019 고체물질, 조연성물질, 촉매는 연소의 3요소이다.   O X

| 020
활성화에너지란 화학반응이 진행되기 위한 최소한의 에너지를 말하는 것으로 활성화에너지와 가장 관련있는 것은 **점화원**이다. |

□□□ 기출

020 활성화에너지와 가장 관련있는 것은 연쇄반응이다.   O X

| 021
공기 중 질소가스를 봉입하는 것은 연소의 4요소와 관련 **없다**.
→ 연소의 4요소: 가연물, 산소 공급원, 점화원, 연쇄반응 |

□□□ 기출

021 공기 중 질소가스를 봉입하는 것은 연소의 4요소와 관련 있다.   O X

| 022
산소와 친화력, 표면적, 연소열은 클수록, **점화에너지는 작을수록** 가연물이 되기 쉽다. |

□□□ 기출

022 산소와 친화력, 표면적, 연소열, 점화에너지가 클수록 가연물이 되기 쉽다.   O X

정답
019 × 020 × 021 × 022 ×

023 예상
최소산소농도, 한계산소지수, 열전도도, 수분의 함유량이 낮거나 적을수록 가연물이 되기 쉽다. ○|×

해설 023

작을수록 연소용이	활성화 에너지, 열전도도, 열용량, 인화점, 발화점, 비점, 비중, 한계산소지수, 수분함유량
클수록 연소용이	산소와 친화력, 표면적, 발열량(연소열), 온도, 압력, 연소범위, 건조도, 화학적 활성도

024 기출
화학반응을 일으킬 때 필요한 최소에너지값이 커야 가연물이 되기 쉽다. ○|×

024
화학반응을 일으킬 때 필요한 최소에너지값이 **작아야** 가연물이 되기 쉽다.

025 기출
가연성 물질이 되기 쉬운 조건으로는 연쇄반응을 일으킬 수 있어야 하며, 활성화에너지가 크고 발열량이 작아야 한다. ○|×

025
가연성 물질이 되기 쉬운 조건으로는 연쇄반응을 일으킬 수 있어야 하며, 활성화에너지가 **작고** 발열량이 **커야** 한다.

026 기출
가연성 물질이 되기 쉬운 조건으로는 조연성 가스인 산소와의 결합력이 커야 하며 산소와 접촉할 수 있는 표면적이 커야 한다. ○|×

027 예상
가연성 물질이 되기 쉬운 조건으로는 비중, 점성, 압력, 연소열이 커야 한다. ○|×

027
가연성 물질이 되기 쉬운 조건으로는 비중, 점성, 압력, 연소열이 커야 한다.
→ 비중, 점성은 작을수록

028 기출
헬륨, 이산화탄소, 오산화인, 시안화수소, 삼산화황은 불연성물질에 해당한다. ○|×

028
헬륨, 이산화탄소, 오산화인, ~~시안화수소~~, 삼산화황은 불연성물질에 해당한다.
→ 시안화수소는 가연성 물질이다.
→ 헬륨: 18족
→ CO_2, 오산화인, 삼산화황: 완전산화물질

정답
023 ○ 024 × 025 × 026 ○
027 × 028 ×

해설

029
질소 반응식
$N_2 + \frac{1}{2}O_2 \rightarrow N_2O - Q[kcal]$

031
- 제1류, 제6류: 산화성 물질
- 제5류: 자기반응성 물질

032
조연성 가스는 다른 물질의 연소를 도와주는 성질을 가진 기체의 성질을 말하며, **대표적인 물질이 산소일 뿐 산소를 모두 함유하고 있는 것은 아니다.**

033
수소는 산소, 염소, 불소와 만나면 격렬하게 반응한다.

---

029 [기출] 질소는 산소와 반응하나 흡열반응하므로 가연물이 될 수 없다. O|X

030 [예상] 공기 중 산소는 부피로는 21[V%]이며, 중량으로는 23[W%]로, 연소할 때 필요한 산소의 주 공급원이다. O|X

031 [기출] 제1류 위험물, 제5류 위험물, 제6류 위험물은 산소공급원이 될 수 있다. O|X

032 [예상] 조연성 가스는 모두 산소를 함유하고 있는 기체이다. O|X

033 [예상] 조연성이란 자신은 타지 않고 가연물이 탈 수 있도록 도와주는 가스로 불소, 염소 등이 있다. O|X

034 [기출] 주로 완전연소 시에는 이산화탄소(CO_2)가, 불완전연소 시에는 일산화탄소(CO)가 발생한다. O|X

정답
029 O 030 O 031 O 032 X
033 O 034 O

035 폭발적이고 빠른 속도로 연소하는 자기반응성 물질은 산소공급원이 될 수 있다. ⓞⅠⓧ

036 저항열, 분해열, 단열압축열, 기화열, 융해열, 절연저항 증가는 점화원이 될 수 있다. ⓞⅠⓧ

036
저항열, 분해열, 단열압축열, ~~기화열~~, ~~융해열, 절연저항 증가~~는 점화원이 될 수 있다.
→ 기화열, 융해열, 절연저항 증가는 점화원이 될 수 없다.

037 분해열, 연소열, 압축열, 산화열은 화학열이다. ⓞⅠⓧ

037
분해열, 연소열, ~~압축열~~, 산화열은 화학열이다.
→ 압축열은 기계열이다.
→ 산화열은 자연발열에 해당한다.

038 연쇄반응에는 전파반응과 분기반응이 있으며, 원인계의 활성라디칼수가 생성계 활성라디칼수보다 많거나 같은 경우를 전파반응이라고 한다. ⓞⅠⓧ

038
• 전파반응: 원인계 활성라디칼 수 ≥ 생성계 활성라디칼 수
• 분기반응: 원인계 활성라디칼 수 < 생성계 활성라디칼 수

039 정전기의 방지대책으로 유속을 제한하고, 전기의 저항이 큰 물질은 대전이 용이하므로 부도체 물질을 사용한다. ⓞⅠⓧ

039
정전기의 방지대책으로 유속을 제한하고, 전기의 저항이 큰 물질은 대전이 용이하므로 전기의 저항이 작은 **도체 물질**을 사용한다.

040 접촉하는 전기의 전위차를 작게하여 정전기를 방지한다. ⓞⅠⓧ

정답
035 ⓞ 036 ⓧ 037 ⓞ 038 ⓞ
039 ⓧ 040 ⓞ

3 연소범위(물적조건) = 폭발범위, 연소한계, 폭발한계   LINK 30~34p

해설

041
연소하한계에 의해 최소산소농도가 결정되며, 연소할 때 화염이 전파되는 데 필요한 임계산소농도를 말한다.

042
최소산소농도(MOC)
=연소하한계× 산소의 양론계수

043
$2C_3H_8+10O_2 \rightarrow 6CO_2+8H_2O$
(프로판의 연소범위: 2.1~9.5[%])
∴ $2.1 \times \dfrac{10}{2} = 10.5[\%]$

044
$C_2H_5OH+3O_2 \rightarrow 2CO_2+3H_2O$
∴ $3 \times 4.3 = 12.9[\%]$

046
한계산소지수란 방염처리한 고분자 재료와 그 소재의 연소성을 비교하기 위한 지표로 사용하기 위한 것으로 한계산소지수가 높을수록 난연성이 되므로 열원이 제거된 후 연소가 중단될 가능성이 높다.

047
산소밸런스(OB)는 화학물질로부터 완전연소생성물을 만드는 데 필요한 산소의 과부족량을 나타낸 지수로 그 값이 0에 가까울수록 폭발력이 크다.

정답
041 × 042 ○ 043 ○ 044 ○
045 ○ 046 × 047 ×

---

041 [기출] 연소상한계에 의해 최소산소농도가 결정되며, 연소할 때 화염이 전파되는 데 필요한 임계산소농도를 말한다. O│X

042 [기출] 완전연소반응식의 산소 몰수에 의해 최소산소농도가 결정된다. O│X

043 [기출] 프로판 2몰[mol]이 완전연소하는 데 필요한 최소산소농도는 10.5%이다. O│X

044 [기출] 에틸알코올(C_2H_5OH)의 최소산소농도는 12.9%이다. (단, 연소하한계는 4.3%이다) O│X

045 [예상] 최소산소농도는 화염전파를 위한 최소한의 산소농도로서, 산소농도를 최소산소농도보다 낮게 낮추면 연료농도에 관계없이 연소 및 폭발방지가 가능하다. O│X

046 [예상] 한계산소지수란 방염처리한 고분자 재료와 그 소재의 연소성을 비교하기 위한 지표로 사용하기 위한 것으로 한계산소지수가 낮을수록 난연성이 되므로 열원이 제거된 후 연소가 중단될 가능성이 높다. O│X

047 [예상] 산소밸런스(OB)는 화학물질로부터 완전연소생성물을 만드는 데 필요한 산소의 과부족량을 나타낸 지수로 그 값이 높을수록 폭발력이 크다. O│X

048 연소범위란 가연성 혼합기에 점화했을 때 화염이 지속되는 범위를 말한다. ⃝ⅠX

049 가연물, 산소공급원, 점화원이 있으면 농도범위에서 벗어나도 불꽃연소할 수 있다. ⃝ⅠX

049
가연물, 산소공급원, 점화원이 있어도 **적절한 농도범위를 가져야 불꽃연소할 수 있다.**

050 연소범위는 물질이 연소하기 위한 물적 조건과 관련이 크다. ⃝ⅠX

051 연소범위란 가연성가스가 화재를 일으킬 수 있는 위험성의 기준으로 상·하한계 차이가 클수록 위험성이 커진다. ⃝ⅠX

052 연소범위 하한계값이 낮을수록, 연소범위의 상한계값이 높을수록 위험성이 커진다. ⃝ⅠX

053 연소범위의 상한계를 측정하는 방법은 태그 밀폐식이다. ⃝ⅠX

053
인화점을 측정하는 방법은 태그 밀폐식이다.

054 연소범위는 압력의 변화에 따라 차이가 있다. ⃝ⅠX

정답
048 ⃝ 049 X 050 ⃝ 051 ⃝
052 ⃝ 053 X 054 ⃝

해설

056
수소는 압력이 증가하면 연소범위가 **좁아지다가**, 10atm 이상으로 증가되면, 압력과 무관하게 연소범위가 일정해진다(약간 넓어진다).

060
난류의 형성은 분자 간 유효충돌횟수를 증가시켜 연소범위가 넓어진다.

061
가연성 휘발 성분이 첨가되면 연소범위는 **넓어지고** 위험하다.

055 압력이 높아지면 연소범위의 하한계는 변하지 않으나 상한계는 크게 변한다. 하지만 일산화탄소는 압력이 증가하면 연소범위가 좁아진다. [기출]

056 수소는 압력이 증가하면 연소범위가 넓어지다가, 10atm 이상으로 증가되면, 압력과 무관하게 연소범위가 일정해진다(약간 넓어진다). [예상]

057 산소농도에 의해 연소범위가 달라질 수 있으나 하한계의 변화는 크지 않다. [기출]

058 온도가 높아지면 기체분자의 운동이 활발해져 유효충돌횟수가 증가되어 반응성이 활발해져 연소범위가 넓어진다. [기출]

059 불활성기체가 첨가되면 연소하한계는 거의 변화 없고, 연소상한계는 크게 감소하여 연소범위가 좁아진다. [기출]

060 층류의 형성은 분자 간 유효충돌횟수를 증가시켜 연소범위가 넓어진다. [예상]

061 가연성 휘발 성분이 첨가되면 연소범위는 좁아지고 위험하다. [기출]

정답
055 ○ 056 × 057 ○ 058 ○
059 ○ 060 × 061 ×

062 가연물의 인화점이 낮을수록 연소 위험성이 커진다. ○ ✕

063 가연성 혼합가스의 연소범위를 구하기 위해서 르샤틀리에 공식을 이용한다. ○ ✕

064 공기 중의 산소농도를 증가시키면 연소속도는 빨라지고, 발화점은 높아지며, 점화에너지는 작아진다. ○ ✕

065 가연성 가스의 위험도는 연소하한계가 높을수록, 상한계가 낮을수록 증가한다. ○ ✕

066 위험도 공식 = $\dfrac{상한계 - 하한계}{상한계}$ ○ ✕

067 수소, 메탄, 아세틸렌, 이황화탄소, 산화에틸렌 중 위험도 값이 가장 큰 것은 아세틸렌이다. ○ ✕

068 비열, 연소열, 비점, 증기압이 작거나 낮을수록 위험하다. ○ ✕

069 표면장력, 인화점, 발화점, 융점, 비중이 작거나 낮을수록 위험하다. ○ ✕

070 증발열, 연소열, 연소속도가 크거나 빠를수록 위험하다. ○ ✕

해설

064 공기 중의 산소농도를 증가시키면 연소속도는 빨라지고, 발화점은 **낮아지며**, 점화에너지는 작아진다.

065 가연성 가스의 위험도는 연소하한계가 **낮을수록**, 상한계가 **높을수록** 증가한다.

066 위험도 공식 = $\dfrac{상한계 - 하한계}{하한계}$

067 수소, 메탄, 아세틸렌, 이황화탄소, 산화에틸렌 중 위험도 값이 가장 큰 것은 **이황화탄소**이다.

068 비열, 비점이 작거나 낮을수록 **연소열, 증기압이 크거나 높을수록** 위험하다.

069

클수록 (높을수록) 위험	온도, 연속속도, 연소범위, 증기압, 연소열
작을수록 (낮을수록) 위험	인화점, 발화점, 비점, 융점, 증발열, 비열, 비중, 표면장력

070 **증발열이 작을수록** 연소열, 연소속도가 크거나 빠를수록 위험하다.

정답
062 ○ 063 ○ 064 ✕ 065 ✕
066 ✕ 067 ✕ 068 ✕ 069 ○
070 ✕

해설

071 열량, 연소속도, 폭발범위가 클수록 위험하다. O|X

072 착화점, 점성, 비점, 비중, 융점은 작을수록 위험하다. O|X

073
열의 축적이 용이할수록, 열전도율이 **낮을수록** 위험하다.

073 열의 축적이 용이할수록, 열전도율이 높을수록 위험하다. O|X

정답
071 O 072 O 073 ×

---

4 인화점, 연소점, 발화점 (에너지 조건)   LINK 35~37p

해설

074 액체가연물의 인화점은 액면에서 증발된 증기의 농도가 연소하한계에 도달하여 점화되는 최저온도이다. O|X

075
인화점이란 **가연성액체의 증기가 발생** 하여 **'연소하한계'에 도달하여 점화되는 최저온도**를 말하며, 유도발화점이라고도 한다.

075 인화점이란 가연성액체의 증기가 발생하기 시작하는 최저온도를 말하며, 유도발화점이라고도 한다. O|X

076 디에틸에테르, 이황화탄소, 아세톤, 메틸알코올, 글리세린 순으로 인화점이 높아진다. O|X

077 액체가연물의 연소점은 점화된 이후 점화원을 제거하여도 자발적으로 연소가 지속되는 최저온도를 말한다. O|X

정답
074 O 075 × 076 O 077 O

078 물질의 위험성을 평가하는 척도로 쓰이며, 「위험물안전관리법」에서 석유류를 분류하는 기준으로도 사용하는 것은 연소점이다. O|X

해설

078 물질의 위험성을 평가하는 척도로 쓰이며, 「위험물안전관리법」에서 석유류를 분류하는 기준으로도 사용하는 것은 **인화점**이다.

079 발화점이란 착화원이 없는 상태에서 가연성 물질 자체의 열로서 공기 또는 산소 중에서 가열하였을 때 발화되는 최저온도이다. O|X

080 파라핀계 탄화수소화합물의 경우 탄소수가 적을수록 증기압이 감소하고, 발화점은 낮아진다. O|X

080 파라핀계 탄화수소화합물의 경우 탄소수가 **많을수록** 증기압이 감소하고, 발화점은 낮아진다.

081 물질의 분자구조가 복잡할수록, 탄화수소계열의 분자량이 클수록 발화점이 낮아진다. O|X

081 분자구조가 복잡할수록, 탄화수소계열의 분자량이 클수록 열축적이 용이하기 때문에 발화점이 낮아진다.

082 압력과 화학적 활성도가 클수록 발화점이 낮아진다. O|X

083 습도와 증기압, 그리고 접촉하는 금속의 열전도도가 낮을수록 발화점이 낮아진다. O|X

083 습도와 증기압은 낮을수록, 접촉하는 금속의 열전도도는 **클수록** 발화점이 낮아진다.

084 액체는 열을 만나면 증기가 발생하는데, 연소는 그 증기가 타는 것이므로 가연성 증기가 연소범위 하한계에 도달하는 온도를 인화점이라 하고, 연소점은 가열된 증기의 발생 속도가 연소속도보다 느릴 때 이루어진다. O|X

084 액체는 열을 만나면 증기가 발생하는데, 연소는 그 증기가 타는 것이므로 가연성 증기가 연소범위 하한계에 도달하는 온도를 인화점이라 하고, 연소점은 가열된 증기의 발생 속도가 연소속도보다 **빠를 때 이루어진다**.

정답
078 × 079 O 080 × 081 O
082 O 083 × 084 ×

해설

085

087
고체의 연소점은 물질에 따라 차이가 있지만, **기체**는 인화점과 연소점이 같다.

090
가연성 액체의 연소와 관련된 온도는 **발화점, 연소점, 인화점** 순으로 높다.

---

085 〔기출〕 화학양론비(stoichiometric ratio)에서의 최저연소온도는 발화점과 관련 있다. ○│×

086 〔기출〕 물적조건과 에너지조건이 만나는 최저연소온도는 인화점을 말한다. ○│×

087 〔기출〕 고체의 연소점은 물질에 따라 차이가 있지만, 액체는 인화점과 연소점이 같다. ○│×

088 〔예상〕 가연성 물질의 위험도 기준은 고체는 발화점, 액체는 인화점, 기체는 연소범위이다. ○│×

089 〔기출〕 발화점은 발화지연시간, 압력, 산소농도, 촉매물질 등의 영향을 받는다. ○│×

090 〔기출〕 가연성 액체의 연소와 관련된 온도는 인화점, 연소점, 발화점 순으로 높다. ○│×

091 〔기출〕 인화점과 연소점의 차이는 외부 점화원을 제거했을 경우 화염 전파의 지속성 여부에 따라 구분된다. ○│×

정답

085 ○   086 ○   087 ×   088 ○
089 ○   090 ×   091 ○

092 연소반응은 열손실률(heat loss rate)이 외부로의 열생성률(heat production rate)보다 큰 조건에서 지속된다. O | X

092
연소반응은 열생성률(heat production rate)이 외부로의 열손실률(heat loss rate)보다 큰 조건에서 지속된다.
→ 발열＞방열

093 최소발화에너지는 가연성 혼합기를 발화시키는데 필요한 최저에너지를 말하며, 이 에너지 값이 클수록 더 위험한 가연물이다. O | X

093
최소발화에너지는 가연성 혼합기를 발화시키는데 필요한 최저에너지를 말하며, 이 에너지 값이 **작을수록** 더 위험한 가연물이다.

094 농도가 짙고 발열량이 크며 산소분압이 높아질 때 최소발화에너지는 감소한다. O | X

095 압력이 높으면 분자 간 거리가 가까워지므로 최소발화에너지는 감소한다. O | X

096 온도가 상승하면 최소발화에너지는 작아진다. O | X

097 열전도율이 낮아지면 최소발화에너지는 커진다. O | X

097
열전도율이 낮아지면 열축적이 용이하므로 최소발화에너지는 **작아진다**.

098 최소발화에너지의 단위는 통상적으로 [mJ]단위를 사용한다. O | X

098
$MIE = \frac{1}{2}CV^2$
MIE: 최소발화에너지[J]
C: 콘덴서 용량[F]
V: 전압[V]

099 최소발화에너지는 가연성 가스의 조성이 화학양론적 조성 부근일 경우 최대가 된다. O | X

099
최소발화에너지는 가연성 가스의 조성이 화학양론적 조성 부근일 경우 **최저**가 된다.

정답
092 × 093 × 094 O 095 O
096 O 097 × 098 O 099 ×

| 해설 |

100 동일 유속시 난류의 강도가 커지면 최소발화에너지 값은 증가한다. O | X

101 가연성 가스를 점화하기 위한 최소발화에너지는 물질의 종류, 혼합기의 온도, 압력, 농도에 따라 변화한다. O | X

102
발화지연시간은 발화온도에 의존하며 발화온도가 낮을수록 발화지연시간은 길어진다.

102 발화지연시간은 발화온도에 의존하며 발화온도가 높을수록 발화지연시간은 길어진다. O | X

103
전극 간의 거리가 좁아지면 전극을 통하여 열 손실(방열)이 증대하기 때문에 착화되지 않는다.

103 전극 간의 거리가 짧아질수록 최소발화에너지가 감소하지만 일정한 거리가 되면 아무리 큰 에너지를 가하여도 착화되지 않는데 이 때의 최대간격을 소염거리라고 한다. O | X

| 정답 |
100 O   101 O   102 ×   103 O

5 자연발화

LINK 38~39p

| 해설 |

104 자연발화는 밀폐된 공간 등에서 외부로부터 점화원의 공급을 받지 않고 물질 자체적인 열의 축적으로 온도가 서서히 상승하여 발화점 이상이 되면서 발화하는 것이다. O | X

105
산화열, 분해열, 용해열, 중합열, 흡착열, 발효열 등은 자연발화의 종류이다.
→ 용해열은 화학적 점화원에 해당한다.

105 산화열, 분해열, 용해열, 중합열 등은 자연발화의 종류이다. O | X

| 정답 |
104 O   105 ×

106 비표면적이 넓고, 주위온도가 높으며, 습도가 낮아야 자연발화가 잘 일어난다. O | X

106 비표면적이 넓고, 주위온도가 높으며, 습도가 높아야 자연발화가 잘 일어난다.

107 자연발화가 일어나기 위해서 수분은 적당해야 한다. O | X

107 일정 수분은 촉매역할을 하여 반응속도를 가속시킨다.

108 자연발화의 방지대책으로 저장실의 온도를 낮게 유지하여 실내에 열 축적이 용이하지 않도록 하며 적당한 습기는 물질에 따라 자연발화의 촉매작용을 하므로, 습도가 높은 곳을 피한다. O | X

109 산화에틸렌은 분해열 또는 중합열에 의해 자연발화할 수 있다. O | X

110 자연발화는 발열보다 방열이 큰 경우, 휘발성이 클수록 잘 발생한다. O | X

110 자연발화는 방열보다 발열이 큰 경우, 휘발성이 작을수록 잘 발생한다.

111 공기의 유통이 안 될수록 열축적이 용이하여 자연발화가 쉽다. O | X

112 자연발화를 방지하기 위해서 발열반응에 정촉매작용을 하는 물질을 피한다. O | X

정답
106 × 107 O 108 O 109 O
110 × 111 O 112 O

연소의 분류

LINK 40~47p

1 불꽃 유무에 따른 연소

LINK 41p

해설

113 표면화재는 연소속도가 빠르며, 순조로운 연쇄반응이 있기 때문에 연쇄반응 억제에 의한 소화대책이 적당하다. ○|×

114 작열연소란 화염이 없는 표면연소이다. ○|×

115 불꽃연소를 증기압력이 존재하는 연소, 작열연소를 증기압력이 없는 연소라고 할 수 있다. ○|×

116 불꽃연소 시에는 비가시성, 작열연소 시에는 가시성의 연기입자가 발생한다.

116 불꽃연소 시에는 가시성, 작열연소 시에는 비가시성의 연기입자가 발생한다. ○|×

정답
113 ○ 114 ○ 115 ○ 116 ×

2 물질 상태별 연소형태의 종류

LINK 42~45p

해설

117 기체연소에는 확산연소, 폭발연소, 예혼합연소가 있다. ○|×

118 가연성 기체와 공기가 연소범위 농도 내에서 반응대로 확산하면서 연소하는 것을 확산연소라 한다.

118 가연성 기체와 공기가 연소범위 농도 내에서 반응대로 확산하면서 연소하는 것을 예혼합연소라 한다. ○|×

정답
117 ○ 118 ×

119	연료노즐에서 흐름이 난류인 경우, 확산연소에서 화염의 높이는 분출 속도에 비례한다.	O X

해설

119
연료노즐에서 흐름이 층류인 경우, 확산연소에서 화염의 높이는 분출 속도에 비례한다.

120	분출속도가 작은 곳, 레이놀즈 수가 낮은 곳에서 층류확산 화염이 형성된다.	O X

120

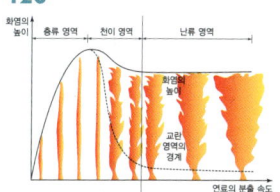

121	천이영역에서 분출속도가 빨라지면 화염의 길이는 증가하게 된다.	O X

121
천이영역에서는 분출속도가 빨라져도 화염의 길이는 감소하게 된다.

122	예혼합연소는 기체에서만 발생한다.	O X

123	예혼합연소는 기체의 연소 형태로 화염은 온도가 높고 색깔은 청색, 백색이다.	O X

124	가연물의 증발연소는 액체 또는 기체의 연소에 해당한다.	O X

124
가연물의 증발연소는 액체 또는 고체의 연소에 해당한다.

125	증발연소란 액체에서만 발생하는 연소형태로서 액면에서 비등하는 기체에서 발생한다.	O X

125
증발연소란 액체 또는 고체에서 발생하는 연소형태이다.

126	액면화재의 연소속도는 액면강하속도로 액면아래의 온도분포에 영향을 받는다.	O X

정답
119 × 120 O 121 × 122 O
123 O 124 × 125 × 126 O

| 해설 |

127 액적연소란 액체연료를 미립화하여 증발 표면을 증가시켜 공기와의 혼합을 좋게하여 연소하는 것으로 인화점 이하에서도 연소가 가능하다. 〇 | ✕

128
표면연소는 고체 가연물의 전형적인 연소형태이다.

128 표면연소는 기체 또는 액체 가연물의 전형적인 연소형태이다. 〇 | ✕

129 열분해에 의해 산소를 발생하면서 연소하는 현상은 자기연소이다. 〇 | ✕

130
확산연소란 버너 주변에 가연성 가스를 확산시켜 산소와 접촉, 연소범위의 혼합가스를 생성하여 연소하는 현상으로 기체의 일반적인 연소형태를 말한다.

130 분해연소란 버너 주변에 가연성 가스를 확산시켜 산소와 접촉, 연소범위의 혼합가스를 생성하여 연소하는 현상으로 기체의 일반적인 연소형태를 말한다. 〇 | ✕

131
제2석유류, 제3석유류, 제4석유류는 휘발성이 작고, 점성이 크기 때문에 분해연소한다.
→ 제2석유류는 휘발성이 크고, 점성이 작기 때문에 증발연소한다.

131 제2석유류, 제3석유류, 제4석유류는 휘발성이 작고, 점성이 크기 때문에 분해연소한다. 〇 | ✕

132
고체의 표면연소는 가연성 가스가 발생하는 과정을 거치지 않고 연소한다.

132 고체의 분해연소는 가연성 가스가 발생하는 과정을 거치지 않고 연소한다. 〇 | ✕

133
증발연소란 액체 표면에서 증발한 가연성 증기가 산소와 반응하여 열에너지를 방출하는 연소형태로 예로 휘발유, 등유, 경유가 있다.

133 분해연소란 액체 표면에서 증발한 가연성 증기가 산소와 반응하여 열에너지를 방출하는 연소형태로 예로 휘발유, 등유, 경유가 있다. 〇 | ✕

| 정답 |
127 〇 128 ✕ 129 〇 130 ✕
131 ✕ 132 ✕ 133 ✕

134 등심연소는 석유램프에서 사용하는 방법으로 연료를 심지로 빨아올려 표면에서 증발하여 연소하는 것으로 고체연소에 해당한다. ◯ ╎ ✕

134 등심연소는 석유램프에서 사용하는 방법으로 연료를 심지로 빨아올려 표면에서 증발하여 연소하는 것으로 액체연소에 해당한다.

135 질산에스터류, 나이트로화합물 등은 분해연소한다. ◯ ╎ ✕

135 질산에스터류, 나이트로화합물 등은 자기연소한다.

136 목재, 섬유, 플라스틱, 석탄, 왁스, 유황 등은 분해연소한다. ◯ ╎ ✕

136 목재, 섬유, 플라스틱, 석탄, ~~왁스, 유황~~ 등은 분해연소한다.
→ 왁스, 유황은 증발연소한다.

137 셀룰로이드, 트리나이트로톨루엔은 분자 내에 산소를 가지고 있어 가열 시 열분해에 의해 가연성 증기와 함께 산소를 발생하여 자신의 분자 속에 포함되어 있는 산소에 의해 연소한다. ◯ ╎ ✕

138 자기연소란 제3류 위험물과 같이 물질 자체 내의 산소를 소모하는 연소로서 연소속도가 빠르다. ◯ ╎ ✕

138 자기연소란 제5류 위험물과 같이 물질 자체 내의 산소를 소모하는 연소로서 연소속도가 빠르다.

139 가연물이 공기와 접촉해 열분해와 증발을 하지 않고 연소하는 것을 표면연소라 한다. ◯ ╎ ✕

140 숯, 코크스, 목탄, 금속분은 열분해 반응에 의한 휘발성분이 표면에서 산소와 반응하여 연소한다. ◯ ╎ ✕

140 숯, 코크스, 목탄, 금속분은 열분해나 증발없이 고체물질 표면에서 산소와 반응하여 연소한다.

141 파라핀은 가열하면 융해되어 액체로 변하게 되고 지속적인 가열로 기화되면서 증기가 되어 공기와 혼합하여 연소한다. ◯ ╎ ✕

정답
134 ✕   135 ✕   136 ✕   137 ◯
138 ✕   139 ◯   140 ✕   141 ◯

해설

142 고체연료의 분해연소란 목재, 종이, 섬유, 플라스틱, 고무류 등과 같은 고체가연물에 충분한 열이 공급되면 복잡한 연소메카니즘을 거쳐 열분해에 의하여 발생된 가연성 가스가 공기와 혼합되어 연소하는 형태를 말한다. O│X

143 액체연료의 가장 일반적인 연소 형태인 증발연소란 에테르, 석유류, 알코올 등의 인화성 액체에서 발생한 가연성 증기가 공기와 혼합된 상태에서 연소하는 것이다. O│X

144 표면연소와 자기연소는 상온에서 고체 상태로 존재하는 가연물의 연소 형태에 해당한다. O│X

145 분젠버너와 가솔린엔진은 **예혼합연소** 한다.

145 분젠버너와 가솔린엔진은 확산연소한다. O│X

정답
142 O 143 O 144 O 145 ✕

3 정상. 비정상 연소

LINK 45p

해설

146 비정상연소란 폭발의 경우와 같이 연소가 격렬하게 일어나며, 열의 **발생속도**가 **방산속도**를 능가할 때 발생하는 연소이다.

146 비정상연소란 폭발의 경우와 같이 연소가 격렬하게 일어나며, 열의 방산속도가 발생속도를 능가할 때 발생하는 연소이다. O│X

정답
146 ✕

4 이상연소 현상

147 공기공급량이 부족하거나, 연소생성물의 배기량이 불량할 때, 공급되는 가연물의 양이 많아질 때 불완전연소한다. ⊙|✕

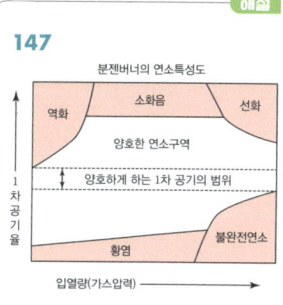

147

148 산소 과잉 상태인 경우, 불꽃이 저온 물체와 접촉하여 온도가 내려가는 경우, 연소실 내 배기가스의 배출이 불량할 때 불완전연소하며, 일산화탄소와 그을음과 같은 연소생성물이 발생한다. ⊙|✕

148 산소 부족한 상태인 경우, 불꽃이 저온 물체와 접촉하여 온도가 내려가는 경우, 연소실 내 배기가스의 배출이 불량할 때 불완전연소하며, 일산화탄소와 그을음과 같은 연소생성물이 발생한다.

149 공급가스의 구멍이 크거나, 공급가스의 압력이 비정상적으로 낮을 때, 용기 밖의 압력이 낮을 때 역화가 발생한다. ⊙|✕

149 공급가스의 구멍이 크거나, 공급가스의 압력이 비정상적으로 낮을 때, 용기 밖의 압력이 높을 때 역화가 발생한다.

150 1차 공기량이 적은 경우, 2차 공기의 공급이 많은 경우 선화가 발생한다. ⊙|✕

150 1차 공기량이 많은 경우, 2차 공기의 공급이 적은 경우 선화가 발생한다.

151 선화란 연소속도가 연료가스의 분출속도보다 빠를 때 불꽃이 노즐에 정착되지 않고 떨어져서 연소하는 현상이다. ⊙|✕

151 선화란 연료가스의 분출속도가 연소속도보다 빠를 때 불꽃이 노즐에 정착되지 않고 떨어져서 연소하는 현상이다.

152 블로우오프란 선화상태에서 연료가스의 분출속도가 증가하거나 공기의 유동이 강하여 불꽃이 노즐에서 정착되지 않고 떨어져서 꺼져버리는 현상이다. ⊙|✕

정답
147 ⊙ 148 ✕ 149 ✕ 150 ✕
151 ✕ 152 ⊙

153 연소소음이란 가연성 혼합가스의 연소속도나 분출속도가 대단히 클 때 연소음 및 폭발음 등이 발생하는 현상이다. ○|✕

154 황염은 분출하는 기체연료와 공기의 화학양론비에서 공기량이 적을 때 또는 저온체의 접촉으로 인해 불완전연소하는 것으로 적황색을 띠는 연소이다. ○|✕

155 주염이란 가연성 가스가 연소하면서 바람을 타고 흘러가는 현상을 말한다. ○|✕

156 연소속도란 연소 시 화염이 미연소 혼합가스에 대하여 수평으로 이동하는 속도로 화염속도에서 미연소 가스의 이동속도를 더한 값이다. ○|✕

157 연소속도는 가연성 물질의 종류, 촉매의 존재 유무, 공기 중 산소량, 가연성물질과 산화제의 당량비에 따라 달라진다. ○|✕

158 화염온도 및 미연소 가연성 기체의 밀도, 비열, 열전도율, 산화반응을 일으키는 속도, 촉매, 연소 후 생성된 가연성 물질은 연소속도에 영향을 미친다. ○|✕

159 미연소가스의 밀도, 비열, 열전도율이 낮거나 작을수록 연소속도가 빨라진다. ○|✕

해설

156 연소속도란 연소 시 화염이 미연소 혼합가스에 대하여 **수직**으로 이동하는 속도로 화염속도에서 미연소 가스의 이동속도를 **뺀** 값이다.

157 당량비: 연료와 공기(산소)가 완전히 연소할 경우의 연료와 공기(산소)의 비
- ∅>1: 공기부족, 환기지배형 화재
- ∅=1: 화학양론조성혼합기(완전연소)
- ∅<1: 공기과잉, 연료지배형 화재

158 화염온도 및 미연소 가연성 기체의 밀도, 비열, 열전도율, 산화반응을 일으키는 속도, 촉매, 연소 후 생성된 가연성물질은 연소속도에 영향을 미친다.
→ 연소 후 생성된 가연성 물질은 지속시간과 관련있다.

159 미연소가스의 밀도, 비열이 낮거나 작을수록 **열전도율이 높을수록** 연소속도가 빨라진다.

정답
153 ○ 154 ○ 155 ○ 156 ✕
157 ○ 158 ✕ 159 ✕

CHAPTER 04 연소생성물

1 연소가스

160 시안화수소는 가연물의 불완전연소에 의해 발생하며, 흡입하면 헤모글로빈(Hb)과 결합하여 몸속의 산소운반을 방해하여 질식을 유발시키는 무색, 무취의 연소가스이다. O | X

해설

160 일산화탄소는 가연물의 불완전연소에 의해 발생하며, 흡입하면 헤모글로빈(Hb)과 결합하여 몸속의 산소운반을 방해하여 질식을 유발시키는 무색, 무취의 연소가스이다.

161 이산화황 가스는 청산가스라고도 하며, 인체에 대량 흡입되면 헤모글로빈과 결합되지 않고도 질식을 유발할 수 있다. O | X

161 시안화수소는 청산가스라고도 하며, 인체에 대량 흡입되면 헤모글로빈과 결합되지 않고도 질식을 유발할 수 있다.

162 암모니아는 질소 함유물인 열경화성 수지 또는 나일론 등의 연소 시 발생하고, 냉동시설의 냉매로 많이 쓰이고 있으며 냉동 창고 화재 시 누출 가능성이 크며 허용 농도는 25ppm이다. O | X

162 허용농도 값(높은 순)

연소가스	ppm
이산화탄소	5,000
일산화탄소	50
암모니아	25
시안화수소, 황화수소	10
아황산가스, 염화수소, 취화수소	5
불화수소	3
이산화질소	1
아크로레인, 포스겐	0.1

163 일산화탄소는 무색, 무취로 상온에서 염소와 작용하여 유독성 가스인 포스겐을 형성하기도 한다. O | X

164 HCl은 PVC, 전선의 피복 등이 연소할 때 주로 생성되고 허용농도가 5ppm인 독성 가스이다. O | X

정답
160 × 161 × 162 O 163 O 164 O

해설

165 이산화질소는 질산셀룰로오스, 폴리우레탄의 불완전연소시 발생하는 맹독성이다. ◯|✕

166 아크로레인은 석유제품, 유지류 등이 탈 때 발생하는 가스이다. ◯|✕

167 포스겐은 PVC, 수지류가 탈 때 생성되며 허용농도는 0.1ppm이다. ◯|✕

168 염화수소는 PVC 등 수지류, 전선의 절연재, 배관재료 등이 탈 때 생성되는 무색 기체로 눈·호흡기에 영향을 주며 금속에 대한 강한 부식성이 있다. ◯|✕

169 브롬화수소(HBr)는 방염수지류 등이 연소할 때 발생하며, 상온·상압에서 물에 잘 용해된다.

169 브롬화수소(HBr)는 방염수지류 등이 연소할 때 발생하며, 상온·상압에서 물에 잘 용해되지 않는다. ◯|✕

170 사염화탄소(CCl_4) 사용 시 발생하는 가스는 포스겐과 염화수소이다. ◯|✕

171 황화수소는 썩은 달걀과 비슷한 냄새가 난다. ◯|✕

172 TLV(Threshold Limit Value)로 측정한 독성가스의 허용농도는 **암모니아, 시안화수소, 불화수소, 포스겐** 순으로 높다.

172 TLV(Threshold Limit Value)로 측정한 독성가스의 허용농도는 불화수소, 시안화수소, 암모니아, 포스겐 순으로 높다. ◯|✕

정답
165 ◯ 166 ◯ 167 ◯ 168 ◯
169 ✕ 170 ◯ 171 ◯ 172 ✕

173 일산화탄소는 산소와 헤모글로빈의 결합을 방해하여 질식에 이르게 할 수 있다. ☐O ☐X

174 고압가스 안전관리법에서 허용농도 2,000ppm 이하를 독성가스로 분류한다. ☐O ☐X

175 이산화탄소는 다량으로 흡입 시 인체에 해를 주는 유독성 가스라고 할 수 있다. ☐O ☐X

해설

174
고압가스 안전관리법에서 허용농도 **5,000ppm** 이하를 독성가스로 분류한다.

구분	독성	맹독성
LC 50	5,000ppm	200ppm
TLV-TWA	200ppm	1ppm

정답
173 O　174 ×　175 O

2 연기

LINK 51~55p

176 피난활동 중 인체 시각의 제약요인으로 가장 큰 것은 연기이다. ☐O ☐X

177 고온영역의 연기층은 연기유동시 수평으로 연기가 이동하거나 단층화를 유발한다. ☐O ☐X

178 저온영역의 연기층은 경계층의 하강에 의한 가시도 저하로 피난에 어려움을 발생시킨다. ☐O ☐X

179 연기의 농도는 화재로 인한 부력, 굴뚝효과, 온도상승에 의한 증기의 부피팽창과 관련 있다. ☐O ☐X

해설

177
저온영역의 연기층은 연기유동시 수평으로 연기가 이동하거나 단층화를 유발한다.

179
연기의 **유동**은 화재로 인한 부력, 굴뚝효과, 온도상승에 의한 증기의 부피팽창과 관련 있다.

정답
176 O　177 ×　178 O　179 ×

해설

180
굴뚝효과, 부력, 외부바람, 공기 중 산소농도, 바람에 의한 압력차, 공기조화설비의 영향은 연기의 유동효과에 영향을 미친다.

182
주로 고층 건물일수록 굴뚝효과에 의하여 연기는 이동하고, 저층 건물일수록 열, 대류 이동, 화재압력과 같은 영향 및 바람의 영향으로 연기가 이동한다.

184
- 굴뚝효과: 실내 온도 > 실외 온도
- 역굴뚝효과: 실내 온도 < 실외 온도

186
연료 중에 수소가 많으면 백색연기, 탄소수가 많으면 흑색연기로 변한다.

정답
180 ×　181 ○　182 ×　183 ○
184 ○　185 ○　186 ×

---

180 〔기출〕 굴뚝효과, 부력, 외부바람, 공기 중 산소농도, 바람에 의한 압력차, 공기조화설비의 영향은 연기의 유동효과에 영향을 미친다. O | X

181 〔기출〕 저층 건축물의 경우 열, 대류의 흐름, 화재압력과 같은 영향으로 연기가 유동한다. O | X

182 〔기출〕 주로 저층 건물일수록 굴뚝효과에 의하여 연기는 이동하고, 고층 건물일수록 열, 대류 이동, 화재압력과 같은 영향 및 바람의 영향으로 연기가 이동한다. O | X

183 〔기출〕 연기는 공기보다 고온이기 때문에 일반적으로 천장의 하면을 따라 순방향으로 이동한다. O | X

184 〔기출〕 역굴뚝효과는 건축물 외부의 공기가 내부의 공기보다 따뜻할 때 건축물 내부의 공기가 위에서 아래로 이동하는 것이다. O | X

185 〔기출〕 연기는 다량의 유독가스를 함유하며, 화재로 인한 연기는 고열이며 유동 확산이 빠르다. O | X

186 〔기출〕 연료 중에 수소가 많으면 흑색연기, 탄소수가 많으면 백색연기로 변한다. O | X

187 연기의 조성은 연료의 성질과 연소조건에 의해 각기 다르며 액체의 입자는 수증기 외에 알데하이드, 알코올 등의 탄화수소의 응고로 인한 타르분의 것, 기체의 성분은 CO, CO_2, HCl, HCN, $COCl_2$, SO_2 등이다. O | X

188 연기 속 미립자에는 고체가 없다. O | X

> **188**
> 연기 속 미립자에는 고체가 있다.(연기는 고체 또는 액체의 미립자이다.)

189 연기의 감광계수가 증가할수록 가시거리는 짧아진다. O | X

190 건물화재 시 온도가 상승하면 공기의 밀도는 커지고, 부피는 팽창한다. O | X

> **190**
> 건물화재 시 온도가 상승하면 공기의 밀도는 작아지고, 부피는 팽창한다.

191 건물화재 시 건물 상·하층의 내부와 외부 온도·압력차로 인해 건축물 하부에서 외부의 찬 공기가 유입된다. O | X

192 건물의 높이, 층의 면적, 외벽의 기밀도, 건물 내·외의 온도차는 연돌효과에 영향을 준다. O | X

> **192**
> 건물의 높이, 층의 면적, 건물의 층간 공기 누설, 외벽의 기밀도, 건물 내·외의 온도차는 연돌효과에 영향을 준다.

193 개구부에 방풍실 억제는 연돌효과 방지에 도움이 된다. O | X

> **193**
> 개구부에 방풍실 설치(회전문 설치)는 연돌효과 방지에 도움이 된다.
>
> **정답**
> 187 O 188 × 189 O 190 ×
> 191 O 192 × 193 ×

해설

194 연돌효과란 뜨거워진 공기가 굴뚝처럼 긴 통로를 따라 강한 통풍을 일으키며 올라가는 현상으로 고층 빌딩 비상계단이나 엘리베이터 등 긴 수직통로가 있는 곳에서 주로 발생한다. [O|X]

195 실내 천장 쪽의 고온가스와 바닥 쪽의 찬 공기의 경계선을 **불연속선**이라 한다.

195 실내 천장 쪽의 고온가스와 바닥 쪽의 찬 공기의 경계선을 중성대라 한다. [O|X]

196 굴뚝효과는 수직공간에서 온도차·압력차에 의해 발생한다. [O|X]

197 중성대는 실내 화재 시 실내와 실외의 **압력차가 '0' 인 부분**을 의미한다.

197 중성대는 실내 화재 시 실내와 실외의 온도가 같은 면을 의미한다. [O|X]

198 건물 내부의 압력이 외부의 압력과 일치하는 수직적인 위치가 생기는데, 이 위치를 중성대라 한다. [O|X]

199 중성대는 건물의 내·외부의 압력이 같기 때문에 **연기의 흐름이 가장 느리다.**

199 중성대 부분에서 연기의 흐름이 가장 빠르다. [O|X]

200 굴뚝효과가 발생할 때는 개구부에 형성된 중성대 상부에서 **공기가 유출**되고, 중성대 하부에서 **연기가 유입**된다.

200 굴뚝효과가 발생할 때는 개구부에 형성된 중성대 상부에서 공기가 유입되고, 중성대 하부에서 연기가 유출된다. [O|X]

정답
194 ○ 195 × 196 ○ 197 ×
198 ○ 199 × 200 ×

201 중성대 하부 개구부를 개방하면 공기가 유입되면서 연기가 외부로 배출되어 중성대가 위로 상승하고 중성대 하부 면적이 커져 소화활동이 용이하게 된다. ○ | ×

201
중성대 **상부** 개구부를 개방하면 **실내 상부의** 연기가 외부로 배출되어 중성대가 위로 상승하고 중성대 하부 면적이 커져 소화활동이 용이하게 된다.

202 현장 도착 시 하부 출입문으로 짙은 연기가 배출된다면 상부 개구부 개방을 강구하고, 하부 개구부에서 연기가 배출되고 있지 않다면 상부 개구부가 개방되어 있다고 판단한다. ○ | ×

203 화재실 내부에서 중성대의 상부 압력은 실외 압력보다 높게 나타난다. ○ | ×

204 연기의 수직 이동속도는 수평 이동속도보다 빠르다. ○ | ×

정답
201 × **202** ○ **203** ○ **204** ○

3 열

LINK 55~57p

205 전도란 고체나 정지하고 있는 유체에서 매질을 통하여 이루어지는 열전달 방식으로 분자의 이동이 많아짐에 따라 열전달이 잘된다. ○ | ×

205
전도란 고체나 정지하고 있는 유체에서 매질을 통하여 이루어지는 열전달 방식으로 **분자의 충돌, 자유전자의 이동이** 많아짐에 따라 열전달이 잘된다.

206 전도에서 전달 열량은 온도차, 열전도도에 비례하고 물질의 두께에는 반비례한다. ○ | ×

206
푸리에의 전도법칙
$$Q = \frac{KA(T_2 - T_1)}{l}$$
Q: 전도열전달률[W=kcal/h]
K: 물질의 열전도도
  [$W/m \cdot °C$=kcal/m·h·°C]
A: 열전달 부분 면적[m²]
T_2: 고온[°C]
T_1: 저온[°C]
l: 벽 두께[m]

정답
205 × **206** ○

해설

207
뉴턴의 냉각법칙
$$Q = hA(T_2 - T_1)$$
Q: 대류열전달률[W=kcal/h]
h: 대류 열전달 계수
  [W/m·°C=kcal/m·h·°C]
A: 열전달 부분 면적[m^2]
T_2: 물체 표면온도[°C]
T_1: 표면에서 충분히 떨어진 곳에서의 유체온도[°C]

208
천장이 높은 건축물은 화재초기에 감지기 또는 스프링클러의 헤드가 작동하지 않는 것은 **대류**와 관련이 있다.

209
전도현상은 가연성 고체에서의 발화, 화염확산, 화재저항과 관련성이 크다.

211
화재 시 연기가 위로 향하는 것이나 화로에 의해 실내의 공기가 따뜻해지는 것은 **대류**에 의한 현상이다.

---

207 대류란 공기의 이동이나 유체의 흐름에 의해 열이 이동하는 현상이다. ◯ ☒

208 천장이 높은 건축물은 화재초기에 감지기 또는 스프링클러의 헤드가 작동하지 않는 것은 복사와 관련이 있다. ◯ ☒

209 대류현상은 가연성 고체에서의 발화, 화염확산, 화재저항과 관련성이 크다. ◯ ☒

210 복사는 원격 발화의 열전달로 작용하고 특히 플래시오버를 일으키는 조건을 형성한다. ◯ ☒

211 화재 시 연기가 위로 향하는 것이나 화로에 의해 실내의 공기가 따뜻해지는 것은 복사에 의한 현상이다. ◯ ☒

212 복사는 불꽃이 직접 전달되지 않고 간접적으로 전자파 형태로 열기만 전달되는 것으로 이 열이 가연물에 직선으로 흡수되어 그 표면온도가 발화점에 도달하면 연소가 시작된다. ◯ ☒

정답
207 ◯ 208 ☒ 209 ☒ 210 ◯
211 ☒ 212 ◯

213 푸리에의 법칙을 따르는 것은 대류현상이다. ㅇ|ㄨ

213 푸리에의 법칙을 따르는 것은 전도현상이다.

214 진공상태에서 복사열은 전달되지 않는다. ㅇ|ㄨ

214 진공상태에서도 복사열은 전달된다.

215 복사에너지는 절대온도 4승에 비례하며, 열전달 면적과는 관련 없다. ㅇ|ㄨ

215 복사에너지는 절대온도 4승에 비례하며, 열전달 면적과는 비례한다.
$$Q = \sigma \varepsilon A(T_2^4 - T_1^4)$$
Q: 복사열전달률[W=kcal/h],
σ: 스테판-볼츠만 상수
[5.67×10^{-8}(w/m²·K⁴)=kcal/m²·h·K⁴]
ε: 방사율
T_2: 고온 절대온도[K]
T_1: 저온 절대온도[K]

216 2도 화상이란 살 속 깊이 손상을 입어 심한 통증이 있으며 부위가 주로 분홍색 등이고 물집이 생길 수 있는 화상이다. ㅇ|ㄨ

217 1도 화상이란 화재로 인해 말초신경이 손상되고 감각에 마비가 오며, 괴사성 형상을 동반하는 화상이다. ㅇ|ㄨ

217 3도 화상이란 화재로 인해 말초신경이 손상되고 감각에 마비가 오며, 괴사성 형상을 동반하는 화상이다.

정답
213 ㄨ 214 ㄨ 215 ㄨ 216 ㅇ
217 ㄨ

4 화염(불꽃, Flame)

LINK 58~59p

218 외부환경이나 미연소가스의 유속은 화염속도에 영향을 주지 않는다. ㅇ|ㄨ

218 외부환경이나 미연소가스의 유속은 화염속도에 영향을 준다.

정답
218 ㄨ

해설

219
화재플럼은 부력화염, 간헐화염, 연속화염으로 이루어져 있다.

220
롤오버란 실내 공기의 압력 차이로 가연성 가스가 천장을 따라 화재가 발생하지 않는 복도 쪽으로 굴러 다니는 것처럼 뿜어져 나오는 현상이다.

221
부력은 플럼을 상승시키고, 차가운 끝부분이 천천히 아래로 내려오게 되는데 측면에서는 난류에 의한 전체적인 와류를 생성한다.

224
화재감지기 및 스프링클러 헤드는 유효범위 내에 설치한다.

[정답]
219 × 220 × 221 × 222 ○
223 ○ 224 ×

---

219 〔예상〕 화재플럼은 부력화염, 간접화염, 연속화염으로 이루어져 있다. ○|×

220 〔기출〕 화재플럼은 실내 공기의 압력 차이로 가연성 가스가 천장을 따라 화재가 발생하지 않는 복도 쪽으로 굴러 다니는 것처럼 뿜어져 나오는 현상이다. ○|×

221 〔예상〕 부력은 플럼을 상승시키고, 차가운 끝부분이 천천히 아래로 내려오게 되는데 측면에서는 층류에 의한 전체적인 와류를 생성한다. ○|×

222 〔기출〕 천장제트흐름은 고온의 연소생성물들이 화재플럼의 부력으로 천장면까지 빠르게 올라가 얇은 층을 형성하게 된다. ○|×

223 〔기출〕 천장제트흐름은 화원의 크기, 화원의 위치 또는 화원에서 천장높이의 영향을 받는다. ○|×

224 〔기출〕 화재감지기 및 스프링클러 헤드는 유효범위 외에 설치한다. ○|×

225 천장제트 흐름의 두께는 천장에서 화염 높이의 5~12% 내외이며, 최고온도와 속도는 실 높이의 1[%] 이내의 범위에서 발생한다. ○ | ✗

226 암적색 — 700℃, 적색 — 850℃, 백적색 — 1,100℃, 휘백색 — 1,500℃ 이다. ○ | ✗

226

불꽃의 색상	온도[℃]
담암적색	520
암적색	700
적색	850
휘적색	950
황적색	1,100
백적색	1,300
휘백색	1,500

정답
225 ○ 226 ✗

SIIVITAIL

PART

II

—

폭발

CHAPTER 01　　폭발이론

CHAPTER 02　　폭발 예방 및 보호

CHAPTER 01 폭발이론

1 폭발

001 폭발은 고온과 빠른 연소속도로 인해 체적이 급격하게 팽창되는 것이다. O|X

002 폭발은 물리적, 화학적 변화의 결과로 발생된 급격한 압력상승에 의한 에너지가 외계로 전환되는 과정에서 파열, 폭음 등을 동반하는 현상을 말한다. O|X

003 폭발은 밀폐공간에서 급격한 압력상승으로 에너지가 외부로 전환되는 과정에서 파열, 후폭풍, 폭음 등을 동반하는 현상을 말한다. O|X

004
폭발의 성립조건
연소의 3요소에 밀폐된 공간이 있으면 성립한다.
① 폭발범위
② 점화에너지
③ 밀폐된 공간

004 폭발이 일어나기 위해서는 밀폐된 공간, 점화원, 폭발범위와 같은 조건이 구비되어야 한다. O|X

005
가스의 폭발조건이란 농도(물적)조건, 에너지조건과 함께 밀폐된 공간에서 이루어지며, 혼합가스가 폭발범위 내에 있는 경우 일어난다.

005 가스의 폭발조건이란 농도(물적)조건, 에너지조건과 함께 밀폐된 공간에서 이루어지며, 혼합가스가 폭발범위 초과시 일어난다. O|X

006 폭발은 폭발음과 함께 파괴 등 화재를 수반할 수 있다. O|X

정답
001 O 002 O 003 O 004 O
005 × 006 O

007 폭발은 밀폐공간에서 물리적·화학적 변화의 결과로 발생한 급격한 압력상승을 동반하며 반드시 연쇄반응을 일으킨다. O|X

> **해설**
> **007**
> 폭발은 밀폐공간에서 물리적·화학적 변화의 결과로 발생한 급격한 압력상승을 동반하며 발생한다.
> → 물리적 폭발은 연쇄반응을 동반하지 않는다.
>
> **정답**
> 007 ×

2 폭발의 분류

LINK 74~81p

008 폭발은 원인별의 분류에서 핵폭발, 화학적 폭발, 물리적 폭발에 의한 폭발로 나눈다. O|X

009 폭발의 원인에 따른 폭발의 분류 중 가스폭발, 분무폭발, 분진폭발은 물리적 폭발에 속한다. O|X

> **009**
> 폭발의 원인에 따른 폭발의 분류 중 가스폭발, 분무폭발, 분진폭발은 **화학적 폭발**에 속한다.

010 물리적 폭발이란 물리적 변화를 주체로 한 폭발로서 고압용기의 파열, 탱크의 감압파손, 액체의 폭발적인 증발 등 눈에 보이는 변화로 파괴되는 것이다. 그 예로 가스폭발, 보일러폭발, 수증기폭발 등이 있다. O|X

> **010**
> 물리적 폭발이란 물리적 변화를 주체로 한 폭발로서 고압용기의 파열, 탱크의 감압파손, 액체의 폭발적인 증발 등 눈에 보이는 변화로 파괴되는 것이다. 그 예로 **증기폭발**, 보일러폭발, 수증기폭발 등이 있다.

011 물리적폭발이란 물질의 상변화에 의해 에너지 방출이 짧은 시간에 이루어지는 폭발이다. O|X

012 중합폭발이란 폭발성 가스가 압축 등 어떠한 원인에 의해 분해되어 발열, 착화, 압력 상승되어 폭발하는 것이다. O|X

> **012**
> **분해폭발**이란 폭발성 가스가 압축 등 어떠한 원인에 의해 분해되어 발열, 착화, 압력 상승되어 폭발하는 것이다.
>
> **정답**
> 008 O 009 × 010 × 011 O
> 012 ×

CHAPTER 01 폭발이론

해설

014 화학적 폭발은 물질의 화학 반응에 의하여 온도가 상승, 과열되어 단시간 내에 급격한 압력 상승이 발생하여 이 압력이 급격히 방출되면서 발생하는 폭발에 해당한다.

015 분해폭발, 중합폭발, 산화폭발은 화학적 폭발, 폭발적 증발은 물리적 폭발로 폭발 분류 시 그 분류가 다르다.

013 중합폭발은 단량체의 증축합반응에 따른 발열량에 의한 폭발로 대표적인 예로는 산화에틸렌, 시안화수소, 염화비닐 등이 있다. ☐ O ☒ X

014 금속선 폭발은 물질의 화학 반응에 의하여 온도가 상승, 과열되어 단시간 내에 급격한 압력 상승이 발생하여 이 압력이 급격히 방출되면서 발생하는 폭발에 해당한다. ☐ O ☒ X

015 분해폭발, 중합폭발, 산화폭발, 폭발적 증발은 폭발 분류 시 그 분류가 동일하다. ☐ O ☒ X

016 수증기폭발은 밀폐 공간 속의 물이 급속히 기화하면서 많은 양의 수증기가 발생함으로써 증기압이 높아져 이것이 공간을 구획하고 있는 용기나 구조물의 내압을 초과하여 파열하는 현상이다. ☐ O ☒ X

017 분해폭발은 산소에 관계없이 단독으로 발열분해 반응을 하는 물질에 의해서 발생하는 폭발이다. ☐ O ☒ X

018 분해폭발은 공기나 산소와 섞이지 않더라도 가연성 가스 자체의 분해반응열에 의해 폭발하는 현상이다. ☐ O ☒ X

019 촉매폭발은 촉매에 의해 폭발하는 것으로, 수소와 산소, 수소와 염소의 혼합가스에 빛을 쪼일 때 발생한다. ☐ O ☒ X

정답
013 O   014 ×   015 ×   016 O
017 O   018 O   019 O

020 물리적 폭발은 물질의 상태(기체, 액체, 고체)가 변하거나 온도, 압력 등 조건의 변화에 따라 발생한다. O | X

021 산화폭발은 산화반응에 의해 발생되는 폭발로서 물질에 따라 증기폭발, 분진폭발, 분무폭발로 분류할 수 있다. O | X

022 증기폭발은 가연성 가스가 폭발범위 내의 농도로 공기나 조연성가스 중에 존재할 때 점화원에 의해 폭발하는 현상이다. O | X

023 증기폭발은 폭발물질의 물리적 상태에 따른 분류 중 기상폭발에 해당한다. O | X

024 증기폭발은 액체의 급속한 기화로 인해 체적이 팽창되어 발생하는 현상이다. O | X

025 응상폭발에는 증기폭발, 혼합가스폭발, 불안정 물질의 폭발, 혼합위험물 물질에 의한 폭발 등이 있다. O | X

026 응상폭발에는 증기폭발, 전선폭발 등이 있다. O | X

해설

021 산화폭발은 산화반응에 의해 발생되는 폭발로서 물질에 따라 **가스폭발**, 분진폭발, 분무폭발로 분류할 수 있다.

022 **가스폭발**은 가연성 가스가 폭발범위 내의 농도로 공기나 조연성가스 중에 존재할 때 점화원에 의해 폭발하는 현상이다.

023 증기폭발은 폭발물질의 물리적 상태에 따른 분류 중 **응상폭발**에 해당한다.

025 응상폭발에는 증기폭발, **혼합가스폭발**, 불안정 물질의 폭발, 혼합위험물 물질에 의한 폭발 **등**이 있다. **혼합가스폭발은 기상폭발이다.**

정답
020 O 021 × 022 × 023 ×
024 O 025 × 026 O

해설

027
분출된 가연성 액체의 미세한 액적이 무상으로 되어 공기 중에 있을 때 화원에 의해 착화되어 일어나는 폭발현상은 **기상폭발**에 해당한다.

029
분무폭발은 가연성 액체의 무적(霧滴, mist)이 일정 농도 이상으로 조연성 가스 중에 분산되어 있을 때 착화하여 발생하는 것이다.
→ 염화비닐, 초산비닐, 산화에틸렌, 시안화수소는 중합폭발의 예이다.

030
윤활유를 무상으로 부유 시 가연성 액적이 주체가 되어 **분무폭발**한다.

032
염화비닐은 **중합폭발**한다.

---

027 [기출] 분출된 가연성 액체의 미세한 액적이 무상으로 되어 공기 중에 있을 때 화원에 의해 착화되어 일어나는 폭발현상은 응상폭발에 해당한다. ○ │ ×

028 [기출] 기체 분자가 분해할 때 발열하는 가스는 단일성분의 가스라고 해도 발화원에 의해 착화되면 혼합가스와 같이 가스폭발을 일으키는 것은 기상폭발로 분류한다. ○ │ ×

029 [기출] 중합폭발은 가연성 액체의 무적(霧滴, mist)이 일정 농도 이상으로 조연성 가스 중에 분산되어 있을 때 착화하여 발생하는 것으로 염화비닐, 초산비닐, 산화에틸렌, 시안화수소 등이 있다. ○ │ ×

030 [기출] 윤활유를 무상으로 부유 시 가연성 액적이 주체가 되어 분진폭발한다. ○ │ ×

031 [예상] 박막폭굉은 분무폭발의 종류로 인화점 이하이더라도 고에너지의 충격파가 가해지면 부착된 윤활유가 무화(미세화)가 되면서 폭굉으로 되는 현상이다. ○ │ ×

032 [기출] 염화비닐은 산화폭발한다. ○ │ ×

033 [기출] 산화에틸렌은 산소와 관계없이 발열·분해하는 분해폭발한다. ○ │ ×

정답
027 × 028 ○ 029 × 030 ×
031 ○ 032 × 033 ○

034 LNG 등의 저온 액화가스가 상온의 물 위에 유출되면 급격하게 기화되면서 폭발하는 것은 기상폭발로 분류된다. O│X

> **해설**
> **034**
> LNG 등의 저온 액화가스가 상온의 물 위에 유출되면 급격하게 기화되면서 폭발하는 것은 **응상폭발**로 분류된다.

035 블레비(BLEVE)는 액화가스 저장탱크 등에서 외부열원에 의해 과열되어 급격한 압력 상승의 원인으로 파열되는 현상이며, 폭발의 분류 중 물리적 폭발에 해당한다. O│X

036 블래비 현상은 물리적 폭발이 순간적으로 화학적 폭발로 이어지지만 그 원인 현상에 따라서 물리적 폭발로 분류하고 있다. O│X

037 블레비는 과열상태의 탱크에서 내부의 액화가스가 분출되어 착화되었을 때 폭발하는 현상이다. O│X

038 블레비 현상은 액화가스 저장탱크에서 물리적 폭발이 순간적으로 화학적 폭발로 이어지는 현상이다. O│X

039 BLEVE 현상은 비등하는 액체가 팽창하여 용기가 파손되면서 분출하는 화학적 폭발현상이며, 이때 분출되는 가스가 가연성이면 가스 폭발적으로 연소하는 물리적인 폭발로 이어질 수 있다. O│X

> **039**
> BLEVE 현상은 비등하는 액체가 팽창하여 용기가 파손되면서 분출하는 **물리적 폭발**현상이며, 이때 분출되는 가스가 가연성이면 가스가 폭발적으로 연소하는 **화학적 폭발**로 이어질 수 있다.

040 블레비의 발생과정은 액온상승 → 취성파괴 → 액격현상 → 연성파괴 순이다. O│X

> **040**
> 블레비의 발생과정은 액온상승 → **연성파괴** → 액격현상 → **취성파괴** 순이다.

> **정답**
> 034 X 035 O 036 O 037 O
> 038 O 039 X 040 X

CHAPTER 01 폭발이론

해설

041
블레비의 발생과정 중 **취성파괴**는 탱크가 파괴되면서 파편이 사방으로 비산하는 과정을 말한다.

043
직접 열을 받은 부분이 액화가스 저장탱크의 인장 강도를 초과할 경우 **기상부**에 면하는 지점에서 파열하게 된다.

045
블레비란 탱크가 계속 가열되면 용기 강도는 저하되고 내부압력은 **상승**하여 어느 시점이 되면 저장탱크의 설계압력을 초과하게 되고 탱크가 파괴되어 급격한 폭발현상을 일으키는 것이다.

046
동적 평형 상태란 시간이 지나도 변하지 않는 상태를 말한다.
블레비는 액상에서 기상으로 변화될 때 발생하는 것이므로 **동적 평형 상태가 유지되지 않는다.**

정답
041 ×   042 ○   043 ○   044 ○
045 ×   046 ×

---

041 [예상]
블레비의 발생과정 중 연성파괴는 탱크가 파괴되면서 파편이 사방으로 비산하는 과정을 말한다. O | X

042 [기출]
블레비는 액화가스 저장탱크에서 일어날 수 있다는 점에서는 증기운 폭발과 같다. O | X

043 [기출]
직접 열을 받은 부분이 액화가스 저장탱크의 인장 강도를 초과할 경우 액상부에 면하는 지점에서 파열하게 된다. O | X

044 [기출]
블레비는 액화가스 저장탱크 지역의 화재 발생 시 저장탱크가 가열되어 탱크 내 액체부분은 급격히 증발하고 가스부분은 온도 상승과 비례하여 탱크 내 압력의 급격한 상승을 초래하게 된다. O | X

045 [기출]
블레비란 탱크가 계속 가열되면 용기 강도는 저하되고 내부압력은 하강하여 어느 시점이 되면 저장탱크의 설계압력을 초과하게 되고 탱크가 파괴되어 급격한 폭발현상을 일으키는 것이다. O | X

046 [기출]
블레비란 가연물이 비점 이상으로 가열될 때 발생하는 것으로 저장탱크 균열로 인한 액상, 기상의 동적 평형 상태가 유지된다. O | X

047 저장된 물질의 종류와 형태, 주위의 온도와 압력상태 등은 블레비 현상에 영향을 주지만, 저장용기의 재질은 블레비 현상에 영향을 주지 않는다. O|X

047
저장된 물질의 종류와 형태, 저장용기의 재질, 주위의 온도와 압력상태 등은 블레비 현상에 영향을 준다.

048 블레비의 규모는 파열 시 액체의 기화량 및 탱크의 용량에 차이가 있다. O|X

048
액체의 기화량이 클수록, 탱크의 용량이 클수록 블레비의 발생 규모는 커진다.

049 인화성 액체탱크가 가열되어 폭발하기 전에 또한 10분 경과하기 전에 냉각조치를 하지 않으면 블레비현상이 발생할 수 있다. O|X

050 냉각살수장치 설치, 용기 내압강도 유지, 감압시스템 설치, 탱크 내벽에 열전도성이 작은 물질로 단열처리 등이 BLEVE 현상 방지에 도움이 된다. O|X

050
냉각살수장치 설치, 용기 내압강도 유지, 감압시스템 설치, 탱크 외벽에 열전도성이 작은 물질로 단열처리 등이 BLEVE 현상 방지에 도움이 된다.

051 대기에 기화하기 쉬운 가연성 액체가 유출되어 가연성 혼합기체가 대량으로 형성되었을 때 화원에 의해 착화되어 일어나는 것을 증기운폭발이라고 한다. O|X

052 증기운 폭발이란 저장탱크 내에서 유출된 가연성 가스가 대기 중에 공기와 혼합하여 구름을 형성하는데 거기에 점화원이 다가가면 폭발하는 현상이다. O|X

053 증기운 폭발이란 개방된 대기 중에 다량의 가연성 액체 또는 가스가 유출되어 발생된 증기가 공기와 혼합하여 발화원에 의해 폭발하는 현상이다. O|X

정답
047 ×   048 ○   049 ○   050 ×
051 ○   052 ○   053 ○

해설

054
상온에서 탱크에 저장된 가연성 가스가 대기 중에 유출되거나 대량의 가연성 액체가 유출되면 그것으로부터 발생하는 **가연성 증기가 공기와 혼합기체를 형성**할 경우 자유공간 증기운 폭발이 일어난다.

055
증기운 폭발은 누출점으로부터 **먼** 지점에서의 폭발이 충격이 더 크다.

056
증기운 폭발은 일반적으로 폭연에 의한 현상이며 **전파속도가 매우 빨라져야 폭굉으로 전이 될 수 있다.**

057
다량의 고온물질이 물속에 투입되었을 때 물의 갑작스러운 상변화에 의한 폭발현상을 **수증기 폭발**이라 한다.

058
분진폭발은 입자가 작을수록, **평편상일수록**, 가연성 휘발성분이 많을수록, 부유성이 클수록 위험성이 커진다.

059
분진폭발은 발열량이 클수록, 단위체적당 표면적이 **클수록** 폭발이 용이해진다.

정답
054 × 055 × 056 × 057 ○
058 × 059 ×

---

054 〔기출〕 상온에서 탱크에 저장된 중유가 유출되면 자유공간 증기운 폭발이 일어난다. ○ | ×

055 〔예상〕 증기운 폭발은 누출점으로부터 가까운 지점에서의 폭발이 충격이 더 크다. ○ | ×

056 〔예상〕 증기운 폭발은 일반적으로 폭굉에 의한 현상이다. ○ | ×

057 〔기출〕 다량의 고온물질이 물속에 투입되었을 때 물의 갑작스러운 상변화에 의한 폭발현상을 반응폭주라 한다. ○ | ×

058 〔기출〕 분진폭발은 입자가 작을수록, 평편상보다 둥글수록, 가연성 휘발성분이 많을수록, 부유성이 클수록 위험성이 커진다. ○ | ×

059 〔기출〕 분진폭발은 발열량이 클수록, 단위체적당 표면적이 작을수록 폭발이 용이해진다. ○ | ×

060 분진폭발은 입자의 크기가 작고 밀도가 클수록 표면적이 크고 폭발이 용이해진다. O | X

061 분진폭발은 평균 입경이 동일한 분진일 경우 분진의 형상에 따라 폭발성이 달라진다. O | X

062 분진폭발은 열분해가 용이할수록, 기체 반응속도가 느릴수록 폭발하기 쉽다. O | X

063 분진폭발은 분진의 농도가 폭발범위 이내이어야 하며, 점화원의 존재 없이 가능하다. O | X

064 분진의 표면적이 입자 체적에 비하여 작아지면 폭발이 용이해진다. O | X

065 수분이 많은 금속분일수록 분진의 부유성을 억제하기 때문에 폭발성이 작아진다. O | X

066 알루미늄과 마그네슘 금속분진의 경우 분진 속 수분량이 증가하면 폭발성이 감소한다. O | X

해설

060 분진폭발은 입자의 크기가 작고, 밀도가 작을수록, 표면적이 크고 폭발이 용이해진다.

061 폭발성 증가: 구상<침상<평편상

062 분진폭발은 열분해 후 발생한 가연성 기체가 공기와 혼합하여 폭발성 혼합기를 형성한 후 착화되어 폭발하는 것이다. 따라서 열분해가 용이할수록, 기체반응속도가 빠를수록 폭발하기 쉽다.

063 분진폭발은 분진의 농도가 폭발범위 이내이어야 하며, 점화원이 존재하여야 한다.

064 분진의 표면적이 입자 체적에 비하여 커지면 폭발이 용이해진다.

065 수분이 많은 금속분일수록 폭발성이 증가한다.

066 분진에 수분의 함유량이 많을수록 폭발성은 감소한다. 하지만 금속분의 경우 수분량이 증가하면 폭발성이 증가한다.

정답
060 × 061 O 062 × 063 ×
064 × 065 × 066 ×

해설

067
입자표면이 공기(산소)에 대하여 활성이 있는 경우에는 폭로시간이 길어질수록 산화피막을 형성할 수 있으므로 폭발성이 **낮아진다.**

069
분진폭발은 가스폭발보다 최소발화에너지와 발생에너지가 모두 **크다.**

072
분진폭발은 가스폭발에 비해 연소시간이 **길다.**

정답
067 ✕ 068 ◯ 069 ✕ 070 ◯
071 ◯ 072 ✕

---

067 〔예상〕 입자표면이 공기(산소)에 대하여 활성이 있는 경우에는 폭로시간이 길어질수록 폭발성이 높아진다. ◯ ✕

068 〔기출〕 분진폭발의 연소속도와 폭발압력은 가스폭발에 비하여 작으나 연소시간이 길고 발생에너지가 크기 때문에 파괴력이 크고 그을음이 많다. ◯ ✕

069 〔기출〕 분진폭발은 가스폭발보다 최소발화에너지는 크나 발생에너지는 작다. ◯ ✕

070 〔기출〕 가스폭발에 비해 분진폭발은 불완전연소가 심하므로 일산화탄소(CO)가 발생한다. ◯ ✕

071 〔기출〕 1차 분진폭발의 영향으로 주위의 분진을 날리게 하여 2차, 3차 폭발이 발생할 수 있다. ◯ ✕

072 〔기출〕 분진폭발은 가스폭발에 비해 연소시간이 짧다. ◯ ✕

3 폭연, 폭굉

LINK 82~83p

073 기출
폭연에서 폭굉으로 전이과정:
착화 → 화염전파 → 압축파 → 충격파 → 폭굉파 O|X

074 기출
압력의 상승량, 에너지전달량, 화염의 전파속도에 의해 폭연과 폭굉에 차이를 둔다. O|X

074
~~압력의 상승량, 에너지전달량,~~ 화염의 전파속도에 의해 폭연과 폭굉에 차이를 둔다.
• 폭연: 화염전파속도<음속
• 폭굉: 화염전파속도>음속

075 기출
폭굉은 연소반응으로 발생한 화염의 전파속도가 음속보다 빠른 것을 말한다. O|X

076 기출
폭발은 화염의 전파속도가 음속 이하일 수도 있으며, 음속 이상이 되어 폭발의 충격파를 형성할 수도 있다. O|X

077 기출
화염의 전파속도가 음속 이상이고, 폭발 시 충격파를 형성하는 것을 폭효라고 한다. O|X

077
폭굉=폭효

078 예상
폭연 발생 시 온도는 크게 상승하며 밀도는 감소한다. 온도 상승이 밀도의 감소 정도보다 커서 압력도 약간 증가된다. O|X

정답
073 O 074 × 075 O 076 O
077 O 078 O

CHAPTER 01 폭발이론 59

해설

079
폭굉 발생 시 온도, 밀도, 압력 모두 증가한다.
→ 화염면에서 온도, 압력, 밀도가 불연속적이다.

080
폭연은 반응 또는 화염면의 전파가 분자량이나 난류확산에 영향을 받으며, 파면에서 온도, 압력, 밀도가 연속적으로 나타난다.

081
폭연은 화염면에서 온도, 압력, 밀도의 변화가 연속적으로 나타난다.

082
폭굉의 온도의 상승은 열에 의한 전파보다 충격파의 압력에 기인한다.

085
폭굉의 압력 상승은 폭연의 10배 이상이다.

정답
079 × 080 × 081 × 082 ×
083 ○ 084 ○ 085 ×

---

079 [예상] 폭굉 발생 시 온도는 크게 상승하며 밀도는 감소한다. 온도 상승이 밀도의 감소 정도보다 매우 커서 압력도 크게 증가된다. O | X

080 [기출] 폭굉은 반응 또는 화염면의 전파가 분자량이나 난류확산에 영향을 받으며, 파면에서 온도, 압력, 밀도가 연속적으로 나타난다. O | X

081 [기출] 폭연은 화염면에서 온도, 압력, 밀도의 변화가 불연속적으로 나타난다. O | X

082 [기출] 폭연의 온도의 상승은 열에 의한 전파보다 충격파의 압력에 기인한다. O | X

083 [기출] 충격파를 형성하기 위해서는 아주 짧은 시간 내에 에너지가 방출되어야 한다. O | X

084 [기출] 폭연은 에너지 방출속도가 물질 전달속도에 영향을 받는다. O | X

085 [예상] 폭연의 압력 상승은 폭굉의 10배 이상이다. O | X

086 폭굉은 급격한 압력의 상승 또는 개방에 의해 가스가 격한 음을 내면서 팽창하는 현상이다. ○|✗

087 폭굉의 속도는 1,000m/s 이상 3,500m/s 이하이다. ○|✗

088 최초의 완만한 연소에서 격렬한 폭굉으로 발전하는 데 필요한 거리를 폭굉유도거리라 한다. ○|✗

089 관경 및 압력이 클수록, 이물질이 많거나 점화원의 에너지가 강할수록 폭굉 유도거리가 짧아진다. ○|✗

090 관경이 가늘수록 폭굉유도거리는 짧아지며, 폭굉유도거리가 짧아질수록 위험도는 커진다. ○|✗

091 예혼합가스의 초기압력이 높을수록 폭굉 유도거리가 길어진다. ○|✗

092 폭연은 폭굉으로 전이될 수 없으나 폭굉은 폭연으로 전이될 수 있다. ○|✗

해설

086 폭굉은 급격한 압력의 상승 또는 **밀폐**에 의해 가스가 격한 음을 내면서 팽창하는 현상이다.

089 **관경이 가늘수록**, 압력이 클수록, 이물질이 많거나 점화원의 에너지가 강할수록 폭굉 유도거리가 짧아진다.
→ 점화원의 에너지: 성냥 1개 vs 토치

091 예혼합가스의 초기압력이 높을수록 폭굉 유도거리가 **짧아진다**.

092 폭연은 폭굉으로 전이될 수 **있으나** 폭굉은 폭연으로 전이될 수 **없다**.

정답
086 ✗ 087 ○ 088 ○ 089 ✗
090 ○ 091 ✗ 092 ✗

CHAPTER 02 폭발 예방 및 보호

LINK 84~89p

1 폭발의 방지대책

LINK 84~88p

해설

094
용기에 불활성 가스를 주입하여 가압시킨 후 가압한 가스가 용기 내에서 충분히 확산된 후, 대기로 방출하는 것은 **압력퍼지**의 내용이다.

097
단선, 단락, 지락 등에 의해 발생하는 착화를 방지할 수 있는 구조로서 착화시험으로 성능이 확인된 구조는 **본질안전 방폭구조**에 대한 설명이다.

정답
093 ○ 094 × 095 ○ 096 ○
097 ×

---

093 예상
불활성화란 불활성가스(질소, 이산화탄소, 수증기 등)를 가연성 혼합기체에 첨가하여 산소농도를 감소시키는 것을 말하는데, 불활성가스를 주입시키는 방법을 퍼징(Purging)이라고 한다. O│X

094 예상
용기에 불활성 가스를 주입하여 가압시킨 후 가압한 가스가 용기 내에서 충분히 확산된 후, 대기로 방출하는 것은 진공퍼지의 내용이다. O│X

095 예상
사이폰 퍼지란 용기에 액체를 채워 공기를 제거한다. 그 후 액체를 배출하면서 증기층에 불활성 가스를 주입하여 퍼지하는 것으로 경비를 절감하기 위한 방법이다. O│X

096 기출
압력 방폭구조란 용기 내에 불활성 가스를 압입시켜 외부 환경보다 압력을 높게 유지함으로써 밀폐함 내로 외부 환경이 인입되지 않도록 보호하는 방폭구조를 말한다. O│X

097 기출
단선, 단락, 지락 등에 의해 발생하는 착화를 방지할 수 있는 구조로서 착화시험으로 성능이 확인된 구조는 안전증 방폭구조에 대한 설명이다. O│X

2 폭발등급

098 메탄, 에탄, 일산화탄소, 아세틸렌, 수소는 폭발 1등급에 해당한다. O | X

해설 098
메탄, 에탄, 일산화탄소는 폭발 1등급에 해당한다.
→ 아세틸렌, 수소는 3등급이다.

099 폭발등급은 클수록, 안전간격은 작을수록 위험하다. O | X

099

폭발등급	안전간격 (화염일주한계)
폭발 1등급	0.6mm 초과
폭발 2등급	0.4mm 초과 0.6mm 이하
폭발 3등급	0.4mm 이하

정답
098 ×   099 O

SILVITAIL

PART
III
—
화재

CHAPTER 01   화재이론

CHAPTER 02   화재조사

화재이론

1 화재의 정의

해설
001
화재는 연소대상물의 가연물의 성상을 기준으로 분류한다.

정답
001 ×

기출
001 화재는 연소대상물의 인화점과 발화점을 기준으로 분류한다. ㅇ | ×

2 화재의 분류

해설
002

일반화재	A급	백색
유류화재	B급	황색
전기화재	C급	청색
금속화재	D급	무색
가스화재	E급	황색

003
C급 화재 – 전기화재(청색),
D급 화재 – 금속화재(무색)

004
C급 화재 – 전류가 흐르고 있는 전기기기
→ 분말 및 고무제품은 A급(일반화재)이다.

정답
002 ○ 003 × 004 × 005 ○

기출
002 화재의 분류는 가연물의 종류와 성상, 대상물의 종류 등에 따라 일반화재, 유류화재, 전기화재, 금속화재, 가스화재 등으로 구분된다. ㅇ | ×

기출
003 A급 화재 – 일반화재(백색), B급 화재 – 유류화재(황색),
C급 화재 – 전기화재(무색), D급 화재 – 유류화재(청색) ㅇ | ×

기출
004 A급 화재 – 종이 및 일반제품, B급 화재 – 휘발유 등 인화성물질,
C급 화재 – 분말 및 고무제품, D급 화재 – 가연성 금속 ㅇ | ×

기출
005 A급 화재는 일반화재로 면화류, 합성수지 등의 가연물에 의한 화재를 말한다. ㅇ | ×

006 통전 중인 배전반에서 불이 난 경우 전기화재로 분류되며, 실외 난로가 넘어지면서 새어나온 석유에 불이 붙은 경우에는 유류화재로 분류된다. O│X

007 일반화재는 보통화재라고도 하며, 산소와 친화력이 강한 물질에 의한 화재로 연소 후 재를 남길 수 있는 대상물 화재를 말한다. O│X

008 유류화재는 화재 성장속도가 일반화재보다 느리며, 생성된 연기는 백색으로 연소 후에는 재를 남긴다. O│X

009 유류는 전기의 도체이므로 정전기로 인한 착화 우려가 있어 정전기 방지대책이 필요하다. O│X

010 경질유는 액온이 인화점보다 높아 예열형 전파로 연소 확대되고, 중질유는 액온이 인화점보다 낮아 예혼합 전파로 연소 확대된다. O│X

011 전기화재는 C급 화재로서 통전 중인 전기시설물로부터 유도되며, 그 형태가 아주 다양하며 원인규명이 상당히 어려운 화재로 주로 누전, 과전류, 합선 혹은 단락, 역기전력 등의 발화가 그 원인이다. O│X

012 외출 시 전원이 차단된 콘센트에서 불이 난 경우 전기화재에 해당된다. O│X

해설

008 유류화재는 화재 성장속도가 일반화재보다 **빠르며**, 생성된 연기는 **흑색**으로 연소 후에는 재를 **남기지 않는다**.

009 유류는 전기의 **부도체**이므로 정전기로 인한 착화 우려가 있어 정전기 방지대책이 필요하다.

010 경질유는 액온이 인화점보다 높아 **예혼합형** 전파로 연소 확대되고, 중질유는 액온이 인화점보다 낮아 **예열형** 전파로 연소 확대된다.

011 전기화재는 C급 화재로서 통전 중인 전기시설물로부터 유도되며, 그 형태가 아주 다양하며 원인규명이 상당히 어려운 화재로 주로 누전, 과전류, 합선 혹은 단락, **역기전력** 등의 발화가 그 원인이다.

012 외출 시 전원이 차단된 콘센트에서 불이 난 경우 **일반화재**에 해당된다.
→ 전기화재는 전류가 흐르고 있는(통전 중) 전기기기, 배선과 같은 화재를 말한다.

정답
006 O　007 O　008 X　009 X
010 X　011 X　012 X

해설

015
실험실 시험대 위 나트륨 분말에서 불이 난 것은 **금속화재**이다.

016
금속화재는 D급 화재로서 금속작업 시 열의 축적 등의 원인으로 발생하며, 건조사, 건조분말 등을 이용한 질식·피복 효과를 이용해 소화한다.
→ 금속화재 시 주수소화는 불가능하다.

017
분진 형태의 금속은 **활발하게 반응하며 폭발 가능성이 크다**.

019
~~항공기 화재~~, 인화성액체 폭발화재는 화재 후 재를 남기지 않는다.
→ 항공기 화재는 일반화재로 재를 남기는 특징이 있다.

정답
013 ○ 014 ○ 015 × 016 ×
017 × 018 ○ 019 ×

---

013 [기출] 도체 주위의 자기장 변화에 의해 발생된 유도전류는 전기화재의 점화원으로 작용할 수 있다. O | X

014 [기출] 전기화재의 발생 원인 중 누전은 전류가 전선이나 기구에서 절연 불량 등의 원인으로 정해진 전로(배선) 밖으로 흐르는 현상이다. O | X

015 [기출] 실험실 시험대 위 나트륨 분말에서 불이 난 것은 일반화재이다. O | X

016 [기출] 금속화재는 D급 화재로서 금속작업 시 열의 축적 등의 원인으로 발생하며, 건조사, 건조분말 등을 이용한 질식·피복 효과와 물을 이용한 냉각효과를 이용해 소화한다. O | X

017 [예상] 분진 형태의 금속은 비교적 폭발할 가능성이 낮다. O | X

018 [기출] 가스화재는 가스가 누설되어 공기와 일정한 비율로 혼합된 상태에서 점화원에 의하여 착화되어 발생하며, 주된 소화방법은 밸브류 등을 잠그거나 차단시킴으로 인한 제거소화 방법이다. O | X

019 [기출] 항공기 화재, 인화성액체 폭발화재는 화재 후 재를 남기지 않는다. O | X

020 플라스틱 화재 중 열가소성 수지는 가열하면 용융되어 액체로 되고 식으면 다시 굳어지는 것으로 작열연소의 모습을 보인다. O X

020
플라스틱 화재 중 열가소성 수지는 가열하면 용융되어 액체로 되고 식으면 다시 굳어지는 것으로 **불꽃연소**의 모습을 보인다.

021 탄화칼슘에 주수소화하는 경우 메탄가스가 발생한다. O X

021
탄화칼슘에 주수소화하는 경우 **아세틸렌**이 발생한다.

022 가스는 취급 상태에 따라 압축, 액화, 용해가스로 구분하고 연소성에 따라 가연성, 불연성, 조연성 가스로 분류할 수 있다. O X

023 가연성 가스란 공기 중에 연소하는 가스로서 폭발한계 하한이 10[%] 이하인 것과 폭발한계의 상한과 하한의 차가 20[%] 이상인 것을 말한다. O X

024 압축가스란 임계온도가 실온보다 높아 액화하기 어려운 가스를 말하며, 액화가스란 임계온도가 실온보다 낮아 상온에서 가압 또는 냉각에 의해 쉽게 액화되어 액체 상태로 용기에 충전하는 가스를 말한다. O X

024
압축가스란 임계온도가 실온보다 **낮아** 액화하기 어려운 가스를 말하며, 액화가스란 임계온도가 실온보다 **높아** 상온에서 가압 또는 냉각에 의해 쉽게 액화되어 액체 상태로 용기에 충전하는 가스를 말한다.

025 LPG(액화석유가스)의 주성분은 메탄이며, LNG(액화천연가스)는 주로 아파트의 도시가스원료 및 시내버스 연료 등으로 사용된다. O X

025
LPG(액화석유가스)의 주성분은 **프로판, 부탄**이며, LNG(액화천연가스)는 주로 아파트의 도시가스원료 및 시내버스 연료 등으로 사용된다.

026 LNG는 상온·저압에서 액화시킬 수 있으며, 액체에서 기화한 가스는 공기보다 가볍다. O X

026
LNG는 **저온(−162°)**에서 액화시킬 수 있으며, 액체에서 기화한 가스는 공기보다 가볍다.

정답
020 × 021 × 022 O 023 O
024 × 025 × 026 O

해설

027 가스누설 시 배기팬 등의 전기스위치는 절대 동작시키지 않는다.
O│X

028 전기화재는 화재의 급수별 분류에서 청색으로 표시하며, 제거소화한다.
O│X

029 가솔린, 등유, 경유 등 저장탱크의 유류화재 시 질식소화가 가장 적합하다.
O│X

030
전기화재 시 가스계 및 분말계 소화약제로 질식소화한다.

030 전기화재 시 팽창질석·팽창진주암으로 질식소화한다.
O│X

031
금속물질 화재 시 팽창진주암, 마른모래, 금속화재용 분말소화기, 할로겐소화기로 소화한다.

031 금속물질 화재 시 팽창진주암, 마른모래, 금속화재용 분말소화기, 할로겐소화기로 소화한다.
O│X

032
식용유는 인화점과 발화점의 차이가 적고, 발화점이 비점보다 낮아 재발화가 쉽고 냉각에 의한 소화활동이 용이하지 않다.
→ 화염제거와 동시에 식용유 내부온도를 발화점 이하로 신속하게 낮추는 냉각작용이 필요하다.

032 인화점과 발화점이 가까운 액체일수록 재점화가 어렵고 냉각에 의한 소화활동이 용이하다.
O│X

033 식용유는 인화점과 발화점의 차이가 적고, 발화점이 비점(끓는점)보다 낮아 비점 이하의 온도에서도 액면상 증발을 통해 발화할 수 있다.
O│X

정답
027 O 028 O 029 O 030 ×
031 × 032 × 033 O

034 식용유화재 발생 시 비누화작용을 하는 제2종 분말소화약제를 주로 사용한다. O│X

035 유류화재와 관련하여 오일탱크에서 보일오버, 프로스오버, 슬롭오버, 롤오버가 일어날 수 있다. O│X

036 보일오버란 중질유 탱크에서 여러 종류의 비점을 가진 불균일한 고점도 유류로 탱크바닥에 수분을 함유한 찌꺼기가 있는 상태에서의 유류저장탱크 화재를 말한다. O│X

037 보일오버 현상은 뚜껑이 열린 구조, 다른 비점, 바닥에는 물 또는 습기가 찌꺼기하고 함께 있어야 하며 보일오버는 거품을 형성하는 고점도 성질의 유류일수록 잘 나타난다. O│X

038 보일오버란 유류탱크화재 시, 탱크 유면에서부터 고온층이 확대되어, 고온층이 탱크 하부에 있는 물을 가열, 비등시켜 발생된 수증기가 체적팽창에 의해 상층의 유류를 탱크 밖으로 분출시키는 현상이다. O│X

039 보일오버는 서로 다른 원유가 섞여 있거나 중질유 탱크에서 오랜 시간 동안 연소와 함께 탱크 내 잔존기름이 바닥에 있는 물의 비등으로 탱크 밖으로 분출하는 현상이다. O│X

040 담양 펜션 화재사건에서 캠핑장 바비큐판에서 삼겹살을 구울 때 불과 함께 연기가 많이 나서 불을 끄려고 물을 부으니 불판으로부터 화재가 확대되었다. 이에 관련된 현상을 프로스오버라 한다. O│X

해설

034 식용유화재 발생 시 비누화작용을 하는 제1종 분말소화약제를 주로 사용한다.

035 유류화재와 관련하여 오일탱크에서 보일오버, 프로스오버, 슬롭오버, 오일오버가 일어날 수 있다.

037 보일오버 조건
① 다성분(다비점)
② 장시간 화재지속 (열류층형성)
③ 탱크 저부에 물 또는 에멀전

040 담양 펜션 화재사건에서 캠핑장 바비큐판에서 삼겹살을 구울 때 불과 함께 연기가 많이 나서 불을 끄려고 물을 부으니 불판으로부터 화재가 확대되었다. 이에 관련된 현상을 슬롭오버라 한다.

정답
034 × 035 × 036 O 037 O
038 O 039 O 040 ×

해설

041 프로스오버는 물에 의해 탱크 내 유류가 넘치는 현상으로 고온에서도 끈끈한 점성을 유지하고 있는 고점도 중질유 유류가 저장탱크 속에 물과 섞여 들어가 있을 때, 또는 유류 표면 아래로 물이 유입되면서 물이 고점도 유류 아래에서 비등할 때, 기름과 섞여 있는 물이 갑자기 수증기화 되면서 탱크 내부에서 탱크 내의 일부 내용물을 넘치게 하는 현상이다. O|X

042 프로스오버는 점성이 큰 뜨거운 유류표면 아래에서 물이 끓을 때 화재를 수반하지 않고 유류가 넘치는 현상이다. O|X

043 오일오버는 탱크 내 유류가 1/2 이하로 채워진 상태에서 내부 압력상승으로 인한 폭발화재현상으로 보일오버, 슬롭오버, 프로스오버보다 위험성이 크다. O|X

044 비점이 큰 중질유의 저장탱크 속 수분 또는 에멀젼이 열류층에 의해 유류를 밀어올리고 기름과 함께 비산하는 현상은 보일오버이다.

044 비점이 큰 중질유의 저장탱크 속 수분 또는 에멀젼이 열류층에 의해 유류를 밀어올리고 기름과 함께 비산하는 현상은 프로스오버이다. O|X

045 원유를 분별 증류하면 끓는점이 낮은 휘발유 성분이 먼저 분리되고 하부 쪽으로 갈수록 끓는점이 높은 등유, 경유, 중유 순으로 분리된다.

045 원유를 분별 증류하면 끓는점이 높은 휘발유 성분이 먼저 분리되고 하부 쪽으로 갈수록 끓는점이 낮은 등유, 경유, 중유 순으로 분리된다. O|X

046 링파이어는 탱크의 벽면이 가열된 상태에서 포를 방출하는 경우 가열된 벽면 부분에서 포가 열화되어 안정성이 저하된 상태에서 증발된 유류가스가 발포되어 있는 유화층을 뚫고 상승되어 유류가스에서 불이 붙는 현상이다.

046 슬롭오버는 탱크의 벽면이 가열된 상태에서 포를 방출하는 경우 가열된 벽면 부분에서 포가 열화되어 안정성이 저하된 상태에서 증발된 유류가스가 발포되어 있는 유화층을 뚫고 상승되어 유류가스에서 불이 붙는 현상이다. O|X

정답
041 O 042 O 043 O 044 ×
045 × 046 ×

☐☐☐ 기출
047 링파이어(Ring fire)란 액화가스 저장 탱크의 외부화재로 탱크가 장시간 과열되면 내부 액화가스의 급격한 비등·팽창으로 탱크 내부 압력이 급격히 증가되고, 최종적으로 탱크의 설계압력 초과로 탱크가 폭발하는 현상이다. ○ | ×

해설
047 **블레비**란 액화가스 저장 탱크의 외부 화재로 탱크가 장시간 과열되면 내부 액화가스의 급격한 비등·팽창으로 탱크 내부 압력이 급격히 증가되고, 최종적으로 탱크의 설계압력 초과로 탱크가 폭발하는 현상이다.

정답
047 ×

3 기타 화재
LINK 104p

☐☐☐ 기출
048 산림화재는 임목화재와 임지화재로 나뉘며 임목의 가지부분에서 화재가 나는 것은 지중화이다. ○ | ×

해설
048 산림화재는 임목화재와 임지화재로 나뉘며 임목의 가지부분에서 화재가 나는 것은 **수관화**이다.

정답
048 ×

CHAPTER 02 화재조사

1 화재조사 이론

해설

049
관계인의 승낙의무가 있으나 화재조사는 협조가 잘 이루어지지 않아 관계인의 협조가 없으면 화재조사는 힘들게 된다. 따라서 관계인의 임의적 협조가 항상 필요하다.
→ 관계인의 동의를 얻기 어려운 경우 강제성이 요구된다.

050
화재조사는 강제성, 신속성, 현장성, 일체성, 프리즘, 경제성, 보존성, 정밀과학성, 증거성, 안전성의 특징을 가지고 있다.

052
목재표면의 연소흔은 700~800℃에서는 완소흔, 900℃에서는 강소흔, 1,100℃에서는 열소흔이 나타난다.

기출

049 관계인의 승낙의무가 있으나 화재조사는 협조가 잘 이루어지지 않아 관계인의 협조가 없으면 화재조사는 힘들게 된다. 따라서 관계인의 임의적 협조가 항상 필요하다. O|X

기출

050 화재조사는 강제성, 신속성, 현장성, 일체성, 프리즘, 경제성, 보존성, 정밀과학성, 증거성의 특징을 가지고 있다. O|X

예상

051 출화 건물의 기둥, 보, 벽, 가구류는 발화부를 향하여 사방으로부터 도괴하는 경향이 있다. O|X

예상

052 목재표면의 연소흔은 700~800℃에서는 완소흔, 900℃에서는 열소흔, 1,100℃에서는 강소흔이 나타난다. O|X

정답
049 × 050 × 051 ○ 052 ×

2 화재조사 및 보고규정

053 감식이란 화재와 관계되는 물건의 형상, 구조, 재질, 성분, 성질 등 이와 관련된 모든 현상에 대하여 과학적 방법에 의한 필요한 실험을 행하고 그 결과를 근거로 화재원인을 밝히는 자료를 얻는 것을 말한다. O | X

> **053** **감정**이란 화재와 관계되는 물건의 형상, 구조, 재질, 성분, 성질 등 이와 관련된 모든 현상에 대하여 과학적 방법에 의한 필요한 실험을 행하고 그 결과를 근거로 화재원인을 밝히는 자료를 얻는 것을 말한다.

054 최초착화물이란 발화열원에 의해 불이 붙은 최초의 가연물을 말한다. O | X

055 동력원이란 발화관련 기기나 제품을 작동 또는 연소시킬 때 사용되어진 연료 또는 에너지를 말한다. O | X

056 발화열원이란 발화의 최초 원인이 된 불꽃 또는 열을 말한다. O | X

057 발화지점이란 열원과 가연물이 상호작용하여 화재가 시작된 지점을 말한다. O | X

058 잔가율이란 화재 당시에 피해물의 재구입비에 대한 현재가의 금액을 말한다. O | X

> **058** 잔가율이란 화재 당시에 피해물의 재구입비에 대한 현재가의 **비율**을 말한다.

059 손해율이란 피해물의 종류, 손상 상태 및 정도에 따라 피해금액을 적정화시키는 일정한 비율을 말한다. O | X

정답
053 X 054 O 055 O 056 O
057 O 058 X 059 O

060 재구입비란 화재 당시의 피해물과 같거나 비슷한 것을 재건축(설계 감리비 포함) 또는 재취득하는데 필요한 금액을 말한다. O|X

061 내용연수란 고정자산을 경제적으로 사용할 수 있는 연수를 말한다. O|X

062 재발화감시란 화재를 진화한 후 화재가 재발되지 않도록 감시조를 편성하여 일정 시간 동안 감시하는 것을 말한다. O|X

063 접수는 119종합상황실에서 유·무선 전화 또는 다매체를 통하여 화재 등의 신고를 받는 것을 말한다. O|X

064 소방관서장은 조사관을 근무 교대조별로 5인 이상 배치하고, 장비·시설을 기준 이상으로 확보하여 조사업무를 수행하도록 하여야 한다. O|X

해설

064 소방관서장은 조사관을 근무 교대조별로 **2인** 이상 배치하고, 장비·시설을 기준 이상으로 확보하여 조사업무를 수행하도록 하여야 한다.

065 화재현장의 후착대 선임자는 철수 후 지체없이 국가화재정보시스템에 화재현장출동보고서를 작성·입력해야 한다. O|X

065 화재현장의 **선착대** 선임자는 철수 후 지체없이 국가화재정보시스템에 화재현장출동보고서를 작성·입력해야 한다.

066 1건의 화재란 1개의 발화지점에서 확대된 것으로 발화부터 진화까지를 말한다. O|X

정답
060 O　061 O　062 O　063 O
064 X　065 X　066 O

067 동일 소방대상물의 발화점이 2개소 이상 있는 누전점이 동일한 누전에 의한 화재는 2건의 화재로 한다. ☐O ☒X

> **067**
> 동일 소방대상물의 발화점이 2개소 이상 있는 누전점이 동일한 누전에 의한 화재는 1건의 화재로 한다.

068 동일 소방대상물의 발화점이 2개소 이상 있는 누전점이 동일한 누전에 의한 화재 및 지진, 낙뢰 등 자연현상에 의한 다발화재는 1건의 화재로 한다. ☐O ☒X

069 동일범이 아닌 각기 다른 사람에 의한 방화, 불장난은 동일 대상물에서 발화했더라도 각각 별건의 화재로 한다. ☐O ☒X

070 발화지점이 한 곳인 화재현장이 둘 이상의 관할구역에 걸친 화재는 발화지점이 속한 소방서에서 1건의 화재로 산정한다. ☐O ☒X

071 내화조 건물의 외벽을 이용하여 목조 또는 방화구조 건물이 별도 설치되어 있고 건물 내부와 구획되어 있는 경우 다른 동으로 한다. ☐O ☒X

072 목조 또는 내화조 건물의 경우 격벽으로 방화구획이 되어 있는 경우도 다른 동으로 한다. ☐O ☒X

> **072**
> 목조 또는 내화조 건물의 경우 격벽으로 방화구획이 되어 있는 경우도 같은 동으로 한다.

073 주요 구조부가 하나로 연결되어 있는 것은 1동으로 한다. 다만 건널 복도 등으로 2 이상의 동에 연결되어 있는 것은 그 부분을 절반으로 분리하여 각 동으로 본다. ☐O ☒X

정답
067 ✗ 068 O 069 O 070 O
071 O 072 ✗ 073 O

해설

074
독립된 건물과 건물 사이에 차광막, 비막이 등의 덮개를 설치하고 그 밑을 통로 등으로 사용하는 경우 **다른 동**으로 한다.

075
건물의 외벽을 이용하여 실을 만들어 헛간, 목욕탕, 작업실, 사무실 및 기타 건물 용도로 사용하고 있는 것은 주건물과 **같은 동**으로 본다.

077
화재 발생 후 소실정도를 산정할 때 **입체면적**으로 한다.

080
반소는 30% 이상 70% 미만이 소실된 것, **부분소는 전소와 반소 화재에 해당하지 않는 것**, 전소는 건물의 70% 이상이 소실되었거나 또는 그 미만이라도 잔존부분을 보수하여도 재사용이 불가능한 것을 말한다.

정답
074 ✕   075 ✕   076 ○   077 ✕
078 ○   079 ○   080 ✕

---

074 〔기출〕 독립된 건물과 건물 사이에 차광막, 비막이 등의 덮개를 설치하고 그 밑을 통로 등으로 사용하는 경우 같은 동으로 한다. ○ ✕

075 〔기출〕 건물의 외벽을 이용하여 실을 만들어 헛간, 목욕탕, 작업실, 사무실 및 기타 건물 용도로 사용하고 있는 것은 주건물과 다른 동으로 본다. ○ ✕

076 〔기출〕 구조에 관계없이 지붕 및 실이 하나로 연결되어 있는 것은 같은 동으로 본다. ○ ✕

077 〔기출〕 화재 발생 후 소실정도를 산정할 때 바닥면적으로 한다. ○ ✕

078 〔기출〕 화재조사 시 건축·구조물 화재의 소실정도는 입체면적에 대한 비율을 적용하여 구분한다. ○ ✕

079 〔기출〕 화재의 소실정도 중 전소란 건물의 70% 이상이 소실되었거나 또는 그 미만이라도 잔존부분을 보수하여도 재사용이 불가능한 것을 말한다. ○ ✕

080 〔기출〕 반소는 30% 이상 70% 미만이 소실된 것, 부분소는 30% 미만의 소실 또는 재사용 할 수 없는 것을 말한다. ○ ✕

081 건물 등 자산에 대한 최종잔가율은 건물·부대설비·구축물·가재도구는 20%로 하며, 그 이외의 자산은 10%로 정한다. O | X

082 화재조사관은 화재발생 사실을 인지하는 즉시 화재조사를 시작해야 한다. O | X

083 사상자는 화재현장에서 사망 또는 부상당한 사람을 말하며, 화재현장에서 부상을 당한 후 48시간 이내에 사망한 경우에는 당해 화재로 인한 사망으로 본다. O | X

> **083**
> 사상자는 화재현장에서 사망 또는 부상당한 사람을 말하며, 화재현장에서 부상을 당한 후 **72시간** 이내에 사망한 경우에는 당해 화재로 인한 사망으로 본다.

084 화재조사 시 화재의 유형을 건축·구조물화재, 자동차·철도차량 화재, 위험물·가스제조소 등 화재, 선박·항공기화재, 임야화재, 기타화재로 구분한다. O | X

085 화재가 복합되어 발생한 경우에는 화재의 구분을 발화장소로 하고, 발화장소로 구분하는 것이 사회관념상 적당하지 않을 경우에는 화재피해금액이 큰 것으로 화재를 구분한다. O | X

> **085**
> 화재가 복합되어 발생한 경우에는 화재의 구분을 **화재피해금액이 큰 것**으로 하고, **화재피해금액**으로 구분하는 것이 사회관념상 적당하지 않을 경우에는 **발화장소**로 화재를 구분한다.

086 발화일시의 결정은 관계인등의 화재발견 상황통보(인지)시간 및 화재발생 건물의 구조, 재질 상태와 화기취급 등의 상황을 종합적으로 검토하여 결정한다. 다만, 자체진화 등 사후인지 화재로 그 결정이 곤란한 경우에는 발화시간을 추정할 수 있다. O | X

087 사상자가 30명 이상이거나 2개 시·도 이상에 걸쳐 발생한 화재의 경우 소방본부장이 화재합동조사단을 운영한다. O | X

> **087**
> 사상자가 30명 이상이거나 2개 시·도 이상에 걸쳐 발생한 화재의 경우 **소방청장**이 화재합동조사단을 운영한다.

정답
081 O 082 O 083 X 084 O
085 X 086 O 087 X

해설

088
소방본부장 운영: 사상자가 20명 이상이거나 2개 시·군·구 이상에 발생한 화재 (임야화재는 제외)

088 예상
소방본부장은 사상자가 20명 이상인 임야화재가 발생할 경우 화재합동조사단을 운영한다. O|X

089
소방관서장은 단장 1명과 단원 4명 이상을 화재합동조사단원으로 임명하거나 위촉할 수 있다.

089 예상
소방관서장은 단장 1명과 단원 5명 이상을 화재합동조사단원으로 임명하거나 위촉할 수 있다. O|X

090
화재조사 관련 교육과목별 시간과 방법은 소방본부장, 소방서장 또는 교육훈련기관의 장이 정한다. 다만, 의무 보수교육 시간은 4시간 이상으로 한다.

090 기출
화재조사 관련 교육과목별 시간과 방법은 소방관서장 또는 교육훈련기관의 장이 정한다. 다만, 의무 보수교육 시간은 4시간 이상으로 한다. O|X

정답
088 ×   089 ×   090 ×

---

3 소방활동 검토회의 (소방활동 검토회의 운영규정)   LINK 115~116p

해설

091
소방활동검토회의란 시·도 소방본부장 또는 소방서장이 화재의 진압활동을 종료한 후 관계관의 소집 하에 해당 진압활동상황을 분석 검토하여 화재예방 및 진압활동의 자료로 활용하고자 하는 회의를 말한다.

091 기출
화재예방대책회의란 시·도 소방본부장 또는 소방서장이 화재의 진압활동을 종료한 후 관계관의 소집 하에 해당 진압활동상황을 분석 검토하여 화재예방 및 진압활동의 자료로 활용하고자 하는 회의를 말한다. O|X

정답
091 ×

PART IV

건축물 화재 및 방재

CHAPTER 01 건축물의 화재

CHAPTER 02 건축방재

CHAPTER 01 건축물의 화재

1 건축물 화재의 진행단계

해설

001

002
내화건축물 화재 시 과정 : **연료지배형** – 열대류 – 열복사 – **환기지배형**

003
화재 **성장기**에는 실내온도가 급격하게 상승하기 시작한다.

005
- 초기: 백색 연기
- 성장기: 흑색 연기

007
성장기 때 자세를 낮게 하고 신속하게 행동하며 **풍상방향**으로 대피한다.

정답
001 × 002 × 003 × 004 ○
005 ○ 006 ○ 007 ×

---

001 [기출] 실내화재의 진행순서 : 발화기 → 성장기 → 최성기 → 플래시오버 → 감퇴기 O|X

002 [기출] 내화건축물 화재 시 과정 : 환기지배형—열대류—열복사—연료지배형 O|X

003 [기출] 화재 초기에는 실내 온도가 급격하게 상승하기 시작한다. O|X

004 [기출] 제2성장기는 화재의 상황변화가 격렬하고 다양하게 변화하는 시기이다. O|X

005 [기출] 발화기란 초기를 거치며 크게 상승하지 않는 발화단계로 건물 내의 가구 등이 독립 연소하고 있으며 다른 동(棟)으로의 연소 위험은 없으며 백색연기가 나온다. O|X

006 [기출] 화재 초기 단계에서는 가연물이 열분해되어 가연성가스가 발생하는 시기이다. O|X

007 [예상] 성장기 때 자세를 낮게 하고 신속하게 행동하며 풍하방향으로 대피한다. O|X

008 화재 성장기 단계에서는 실내에 있는 내장재에 착화하여 롤오버 등이 발생하며 개구부에 진한 백색연기가 강하게 분출한다. O | X

008 화재 성장기 단계에서는 실내에 있는 내장재에 착화하여 롤오버 등이 발생하며 개구부에 진한 **흑색**연기가 강하게 분출한다.

009 성장기에는 급속한 연소 진행으로 환기지배형 화재 양상이 나타난다. O | X

009 성장기에는 급속한 연소 진행으로 **연료지배형 화재** 양상이 나타난다.

010 화재의 진행이 급속히 이루어지고 개구부에서는 검은 연기가 분출되는 시기는 종기이다. O | X

010 화재의 진행이 급속히 이루어지고 개구부에서는 검은 연기가 분출되는 시기는 **중기**(성장기)이다.

011 최성기 이후에 플래시오버 현상이 발생하며, 이후 실내에 있는 가연물 또는 내장재가 격렬하게 연소되는 단계로서 실내온도가 최고온도에 이르는 시기이다. O | X

011 최성기 **이전**에 플래시오버 현상이 발생하며, 이후 실내에 있는 가연물 또는 내장재가 격렬하게 연소되는 단계로서 실내온도가 최고온도에 이르는 시기이다.

012 최성기는 연소가 가장 격렬한 시기이며 불완전 연소가스가 발생하는 시기에는 복사열로 인해 인근 건물로 화재가 번질 우려가 없다. O | X

012 최성기는 연소가 가장 격렬한 시기이며 불완전 연소가스가 발생하는 시기에는 복사열로 인해 인근 건물로 화재가 번질 우려가 **있다**.

013 최성기 때에는 산소가 부족하여 연소되지 않은 가스가 다량 발생된다. O | X

013 공기공급이 부족한 경우 환기지배형 화재의 형태를 보인다.

정답
008 ×   009 ×   010 ×   011 ×
012 ×   013 ○

해설

015
감퇴기 때에는 지붕이나 벽체, 대들보나 기둥도 무너져 떨어지고 열 발산율은 **감소하기** 시작한다.

016
감쇠기에는 화염의 급격한 소멸로 훈소 상태가 되어 백드래프트의 **위험이 있다.**
→ 백드래프트 발생시기: 성장기, 감쇠기

019
환기지배형 화재는 연료지배형 화재에 비해 폭발성 및 역화현상이 **크다.**

020
환기지배형 화재는 **밀폐된 공간**으로 **환기인자**가 영향을 미치는 화재이며 연료지배형 화재보다 연소가스가 더 많이 생성된다.

정답
014 ○   015 ×   016 ×   017 ○
018 ○   019 ×   020 ×

---

014 기출
최성기에는 실내 화염이 최고조에 도달하나 실내 산소 부족으로 연소 속도가 느려진다.   O | X

015 기출
감퇴기 때에는 지붕이나 벽체, 대들보나 기둥도 무너져 떨어지고 열 발산율은 증가하기 시작한다.   O | X

016 기출
감쇠기에는 화염의 급격한 소멸로 훈소 상태가 되어 백드래프트의 위험이 없다.   O | X

017 예상
구획실 내에서 화재 발생 시 벽 근처에 있는 가연물들은 비교적 적은 공기를 흡수하여 보다 높은 화염온도를 지니고 구석에 있는 가연물들은 더욱더 적은 공기를 흡수하기 때문에, 가장 높은 화염온도를 지닌다.   O | X

018 기출
건물화재 현상으로 환기지배형과 연료지배형이 있다.   O | X

019 기출
환기지배형 화재는 연료지배형 화재에 비해 폭발성 및 역화현상이 적다.   O | X

020 기출
환기지배형 화재는 개방된 공간으로 가연물의 양이 영향을 미치는 화재이며 연료지배형 화재보다 연소가스가 더 많이 생성된다.   O | X

021 연료지배형 화재는 주로 큰 창문이나 개방된 공간에서, 환기지배형 화재는 내화구조 및 콘크리트 지하층에서 발생하기 쉽다. O | X

022 화재초기 실내가연물의 양, 가연물의 연소특성에 따라 환기지배형 화재로 되어 산소가 원활하게 공급되며 연소속도가 빨라진다. 반면 지하층, 무창층 및 밀폐된 실내는 산소가 부족하며 환기가 좋지 않아 공기의 공급 상태에 지배되는 화재를 연료지배형 화재라 한다. O | X

022
화재초기 실내가연물의 양, 가연물의 연소특성에 따라 **연료지배형 화재**로 되어 산소가 원활하게 공급되며 연소속도가 빨라진다. 반면 지하층, 무창층 및 밀폐된 실내는 산소가 부족하며 환기가 좋지 않아 공기의 공급 상태에 지배되는 화재를 **환기지배형 화재**라 한다.

023 연소속도는 분해·증발률에 비례한다. O | X

024 화세가 약한 초기에는 산소량이 원활하므로 화재는 공기량보다 실내의 가연물에 의해 지배되는 연료지배형의 연소형태를 갖는다. O | X

025 일반적으로 플래시오버 전에는 환기지배형 화재가, 이후에는 연료지배형화재가 지배적이다. O | X

025
일반적으로 플래시오버 전에는 **연료지배형 화재**가, 이후에는 **환기지배형 화재**가 지배적이다.

026 연소속도는 환기요소에 비례한다. F.O(Flash Over)에 이르러서 실내온도가 급격히 상승하여 가연물의 열분해가 진행되고 화세가 강하게 되면 산소량이 급격히 소진되어 환기가 잘되지 않으며 연소현상은 연료지배형에서 환기량에 지배되는 환기지배형으로 전환된다. O | X

026
환기요소: $A\sqrt{H}$

027 환기가 잘되지 않으면 환기지배형 화재에서 연료지배형 화재로 바뀌며 연기 발생이 줄어든다. O | X

027
환기가 잘되지 않으면 **연료지배형 화재**에서 **환기지배형 화재**로 바뀌며 연기 발생이 **늘어난다**.

정답
021 O 022 × 023 O 024 O
025 × 026 O 027 ×

해설

029
개구부 면적이 작으면 화재가 느리고 개구부 면적이 크면 화재가 빠르다.

032
같은 면적이라도 개구부의 폭보다 개구부 높이의 영향을 많이 받으므로 횡장창보다는 종장창에서의 환기요소가 크다.

033
개구부의 크기가 클수록 연소속도가 빨라지므로 구획실 내 화재의 지속시간은 짧아진다.

034
화재 시 배연구 및 환기구 면적은 온도에 비례하고 지속시간에 반비례한다.

정답
028 ○ 029 × 030 ○ 031 ○
032 × 033 × 034 ×

---

028 〔기출〕 연료지배형 화재는 구획실 내 가연물의 연소에 필요한 산소가 충분히 공급되는 조건의 화재이다. ○ | ×

029 〔기출〕 개구부 면적이 작으면 화재가 빠르고 개구부 면적이 크면 화재가 느리다. ○ | ×

030 〔기출〕 환기인자는 개구부 A(면적)과 H(높이)의 평방근에 모두 비례한다. ○ | ×

031 〔예상〕 환기요소는 화재실의 공기 유출입량을 결정하는 요소이며 구획화재에서 실내온도 및 화재지속시간 등을 결정한다. ○ | ×

032 〔예상〕 같은 면적이라도 개구부의 폭보다 개구부 높이의 영향을 많이 받으므로 종장창보다는 횡장창에서의 환기요소가 크다. ○ | ×

033 〔예상〕 개구부의 크기가 클수록 구획실 화재의 지속시간은 길어진다. ○ | ×

034 〔기출〕 화재 시 배연구 및 환기구 면적은 온도에 반비례하고 지속시간에 비례한다. ○ | ×

2 건축물 화재의 특수 현상

LINK 126~129p

035 [기출] 플래시오버는 일반적으로 중기에 발생한다. O│X

035 플래시오버 발생시기: 성장기(중기)

036 [기출] 성장기에는 천장 부분에서 축적된 뜨거운 가스층이 발화원으로부터 떨어져 있는 가연성 물질에 복사열을 공급하여 플래시오버를 초래할 수 있다. O│X

036 플래시오버 발생요인: 복사열

037 [예상] 플래시오버가 발생할 때, 뜨거운 가스층으로부터 발산하는 복사에너지는 일반적으로 20[kW/m²]를 초과한다. O│X

038 [기출] Flash Over란 화재구역 내 가연성재료의 전 표면이 불로 덮이는 전이현상으로서 천장면으로부터 복사열에 의하여 바닥면 전체가 화염으로 덮이게 되는 현상이다. O│X

039 [기출] Flash over는 실내화재 시 천장류에서 방출되는 복사열에 의하여 실내에 있는 모든 가연물이 분해되어 가연성 증기를 발생하게 됨으로써 실내 전체가 순간적으로 연소가 확대된다. O│X

040 [기출] 플래시오버는 공간 내 전체 가연물에서 동시에 발화하는 것으로 롤오버 시 발생되는 복사열보다 약하다. O│X

040 플래시오버는 공간 내 전체 가연물에서 동시에 발화하는 것으로 롤오버 시 발생되는 복사열보다 **강하다.**

정답
035 O   036 O   037 O   038 O
039 O   040 ×

해설

041 플래시오버는 일정 공간 안에 가연성 가스가 축적된 상태에서 폭발적으로 실 전체가 화염에 휩싸이는 현상으로 순발적인 연소확대현상이라고도 한다. O｜X

042
플래시오버는 착화한 천장부의 화염에서 실내 **전체로** 복사열이 전달되어 **전체의** 가연물이 가열되어 어느 순간 실 전체가 화염에 휩싸이는 순간적인 착화현상이다.

042 플래시오버는 착화한 천장부의 화염에서 실내 선단으로 복사열이 전달되어 선단의 가연물이 가열되어 어느 순간 실 전체가 화염에 휩싸이는 순간적인 착화현상이다. O｜X

043
구획실 내의 산소가 부족하여 훈소 상태에서 공기가 갑자기 다량 공급될 때 가연성 가스가 순간적으로 폭발하듯 발화하는 현상은 **백드래프트**이다.

043 구획실 내의 산소가 부족하여 훈소 상태에서 공기가 갑자기 다량 공급될 때 가연성 가스가 순간적으로 폭발하듯 발화하는 현상은 플래시오버이다. O｜X

044 Roll over란 화재초기에 가연성 물질에서 발생된 가연성 가스가 천장 부근에 축적되고, 이 축적된 가연성 증기가 인화점에 도달하여 연소하는 현상으로 불덩어리가 천장을 굴러다니는 것처럼 뿜어져 나오는 현상이다. O｜X

045 롤오버는 실의 상부에 있는 가연성 가스가 발화온도 이상 도달했을 때 발화하는 현상이다. O｜X

046 롤오버는 화염이 선단부에서 주변 공간으로 확대된다. O｜X

047
플래시오버(Flash-Over)는 일반적으로 가연재료, 난연재료, 준불연재료, 불연재료 순으로 발생하며 연소확대 주요원인은 **복사열**이다.

047 플래시오버(Flash-Over)는 일반적으로 가연재료, 난연재료, 준불연재료, 불연재료 순으로 발생하며 연소확대 주요원인은 급격한 산소공급이다. O｜X

정답
041 O 042 × 043 × 044 O
045 O 046 O 047 ×

048 준불연성이나 불연성의 내장재를 사용할 경우 플래시오버 발생까지의 소요시간이 길어진다. O | X

049 화원의 크기가 클수록, 천장높이가 낮을수록, 내장재의 열전도율이 적을수록, 개구부가 적을수록 플래시오버에 도달하는 시각이 짧아진다. O | X

해설

049
화원의 크기가 클수록, 천장높이가 낮을수록, 내장재의 열전도율이 적을수록, 개구부가 **많을수록** 플래시오버에 도달하는 시각이 짧아진다.

050 플래시오버는 벽면보다 천장이 더 영향을 미친다. O | X

051 플래시오버 현상은 점화원의 위치와 크기, 가연물의 양과 성질, 개구부의 크기, 실내 마감재 등에 영향을 받는다. O | X

052 플래시오버가 발생하기 전 열기 때문에 소방대원이 낮은 자세로 진입할 수 밖에 없고 뜨거운 열기가 느껴지면서 농연(두텁고 진한 연기)이 소용돌이치는 모습이 보인다. O | X

052
플래시오버가 발생하기 전 열기 때문에 소방대원이 낮은 자세로 진입할 수 밖에 없고 뜨거운 열기가 느껴진다.
→ 농연(두텁고 진한 연기)이 소용돌이치는 모습이 보이는 것은 백드래프트의 발생징후이다.

053 플래시오버를 지연시키기 위한 소방전술로 배연지연법, 공기차단지연법, 제거소화지연법이 있다. O | X

053
플래시오버를 지연시키기 위한 소방전술로 배연지연법, 공기차단지연법, **냉각지연법**이 있다.

054 플래시오버란 갑자기 산소가 새로 유입될 때 화염이 폭풍을 동반하며 충격파의 생성으로 구조물을 파괴할 수 있다. O | X

054
백드래프트란 갑자기 산소가 새로 유입될 때 화염이 폭풍을 동반하며 충격파의 생성으로 구조물을 파괴할 수 있다.

정답
048 O 049 X 050 O 051 O
052 X 053 X 054 X

해설

055

ASET(허용 피난시간)
RSET(총 피난시간)
감지 | 지연 | 피난 | 여유시간
발화　경보　　　　　F/O

056
훈소 원인
① 온도가 낮은 경우
② 산소 공급이 부족한 경우

059
백드래프트란 열의 집적과 적절하게 배연되지 않는 상태에서 불완전 연소된 가연성 가스가 인화점 **이상**의 상태에서 산소가 결핍된 실내에 소방관이 소방활동이나 구조 활동 중에 문을 갑자기 개방함으로써 신선한 공기가 유입되어 실내의 화염이 폭발과 함께 분출하는 현상이다.

정답
055 ○　056 ○　057 ○　058 ○
059 ✕

---

055 〔기출〕 플래시오버는 천장의 복사열로 인해 주변 가연물이 자연발화에 도달하는 현상으로, 이 현상이 발생되기 전에 피난이 종료되어야 한다.

○ | ✕

056 〔기출〕 낮은 산소분압에서 화재가 발생하였을 때 초기에 화염 없이 일어나는 연소를 훈소연소라 한다.

○ | ✕

057 〔기출〕 훈소란 불완전한 연소상태로서 불꽃이 없고 느린 연소이며, 구획실 화재 초기에 고체 가연물에서 많이 발생하는 것으로 외부 공기가 갑자기 유입될 때에는 급격한 연소가 일어날 수 있는 상태이다.

○ | ✕

058 〔예상〕 훈소는 느린 연소과정으로 연기의 단층화, 작열과 탄화현상이 일어난다. 연기입자가 크며 액체 미립자가 다량 포함되어 있다.

○ | ✕

059 〔기출〕 백드래프트란 열의 집적과 적절하게 배연되지 않는 상태에서 불완전 연소된 가연성 가스가 인화점 미만의 상태에서 산소가 결핍된 실내에 소방관이 소방활동이나 구조 활동 중에 문을 갑자기 개방함으로써 신선한 공기가 유입되어 실내의 화염이 폭발과 함께 분출하는 현상이다.

○ | ✕

060 백드래프트란 밀폐된 건물에 가연물, 충분한 산소, 점화원의 영향에 의하여 일어나는 폭발현상이다. O|X

> **060**
> 백드래프트란 밀폐된 건물에 가연물, **부족한 산소(유입되는 산소)**, 점화원의 영향에 의하여 일어나는 폭발현상이다.
> → 해당 내용은 가장 옳지 않은 것을 고르는 문제로 출제된 것으로써 백드래프트는 산소가 부족한 상태에서 유입되는 공기(산소)에 따라 발생할 수 있는 현상으로 해석하여 접근해야 했던 문제이다.

061 백드래프트란 불완전연소에 의해 발생된 일산화탄소가 가연물로 작용하여 폭발하는 현상이다. 밀폐된 실내에서 발생되는 현상으로, 출입문을 한번에 완전히 개방하여 연기를 일순간에 배출해야 폭발력을 억제할 수 있다. O|X

> **061**
> 백드래프트란 불완전연소에 의해 발생된 일산화탄소가 가연물로 작용하여 폭발하는 현상이다. 밀폐된 실내에서 발생되는 현상으로, 출입문을 **천천히** 개방하여 연기를 **조금씩** 배출해야 폭발력을 억제할 수 있다.

062 백드래프트란 연료지배형 화재가 진행되고 있는 공간에 산소가 일시적으로 다량 공급됨에 따라 가연성가스가 폭발적으로 연소하는 현상이다. O|X

> **062**
> 백드래프트란 **환기지배형 화재**가 진행되고 있는 공간에 산소가 일시적으로 다량 공급됨에 따라 가연성가스가 폭발적으로 연소하는 현상이다.

063 백드래프트의 폭발이 일어나기 전 과도한 열의 축적, 짙은 회황색으로 변하는 검은 연기, 연기로 얼룩진 창문, 개구부를 통하여 분출되는 화염이 보인다. O|X

> **063**
> 백드래프트의 폭발이 일어나기 전 과도한 열의 축적, 짙은 회황색으로 변하는 검은 연기, 연기로 얼룩진 창문이 보인다.
> → 백드래프트 발생 전은 훈소상태로 화염이 거의 보이지 않는다.

064 백드래프트가 발생하기 전 균열된 틈이나 작은 구멍을 통하여 건물 밖으로 연기가 밀려나오는 것을 볼 수 있다. O|X

> **064**
> 백드래프트가 발생하기 전 균열된 틈이나 작은 구멍을 통하여 빨려들어가는 공기의 영향으로 **건물 안으로 연기가 빨려들어가는 것**을 볼 수 있다.

065 백드래프트란 가연성 증기가 연소점에 도달하여 불덩어리가 천장을 따라 굴러다니는 현상이다. O|X

> **065**
> **롤오버**란 가연성 증기가 연소점에 도달하여 불덩어리가 천장을 따라 굴러다니는 현상이다.

> **정답**
> 060 × 061 × 062 × 063 ×
> 064 × 065 ×

해설

067
백드래프트가 발생하기 전에도 농연 등이 발생한다.
→ 심한 벽면파괴는 백드래프트(폭발)의 발생 후 나타나는 현상이다.

068
구획실의 창문과 문손잡이의 온도로 백드래프트의 발생 가능성을 예측할 수 있다.

069
플래시오버는 중기(성장기)에 발생하고 충격파를 수반하지 않으며, 백드래프트는 종기(감쇠기)에 발생하고 충격파를 수반한다.

070
백드래프트보다 플래시오버의 발생빈도가 높다.

정답
066 ○ 067 × 068 × 069 ×
070 × 071 ○

---

066 〔기출〕 백드래프트가 발생하면 화염이 폭풍을 동반하며 건축물의 도벽을 파괴할 수 있다. O│X

067 〔기출〕 백드래프트가 발생하기 전에도 농연, 심한 벽면파괴 현상 등이 발생한다. O│X

068 〔기출〕 구획실의 창문과 문손잡이의 온도로 백드래프트의 발생 가능성을 예측할 수 없다. O│X

069 〔기출〕 플래시오버는 종기에 발생하고 충격파를 수반하지 않으며, 백드래프트는 중기에 발생하고 충격파를 수반한다. O│X

070 〔기출〕 플래시오버보다 백드래프트의 발생빈도가 높다. O│X

071 〔예상〕 플래임오버란 복도와 같은 통로 공간에서 벽, 바닥 표면의 가연물에 화염이 급속하게 확산되는 현상이다. O│X

3 목조·내화건축물 화재

LINK 130~132p

072 기출
목조건축물 화재는 유류나 가스 화재와는 달리 일반적으로 무염착화 없이 발염착화로 이어진다. O|X

해설

072
목조건축물 화재는 유류나 가스 화재와는 달리 일반적으로 **무염착화 후** 발염착화로 이어진다.

073 기출
목조건축물 : 발화 → 무염착화 → 발염착화 → 최성기 O|X

073
목조건축물 : 화재원인 → 무염착화 → 발염착화 → **발화**(출화) → 최성기 → 연소낙하 → 진화

074 기출
발염착화에서 발화: 연기의 색이 백색에서 흑색으로 변하며, 개구부가 파괴되어 공기가 공급되면서 급격한 연소가 이루어져 연기가 개구부로 분출하게 되는 시기 O|X

074
출화(발화)에서 최성기 시기의 내용이다.

075 기출
옥내출화의 경우 가옥구조의 천장면, 외부의 벽, 창 등에서 발염착화하는 것을 말한다. O|X

075
옥내출화의 경우 가옥구조의 천장면 등에서 발염착화하는 것을 말한다.
→ 외부의 벽·창 등에서 발염착화하는 것은 옥외출화라고 한다.

076 예상
열전도율·열팽창률이 작은 목재가 철재보다 연소가 더 잘된다. O|X

077 예상
열팽창은 건물 붕괴 요인이 되므로 목조건축물 화재 시 일반 콘크리트건축물의 화재보다 붕괴확률이 크다. O|X

077
열팽창은 건물 붕괴 요인이 되므로 목조건축물 화재 시 일반 콘크리트건축물의 화재보다 붕괴확률이 **적다**.

078 예상
목재의 수분이 적은 상태일수록 연소가 더 잘되고, 수분함량이 15[%] 이상이면 고온을 장시간 접촉해도 착화가 어렵다. O|X

정답
072 ×　073 ×　074 ×　075 ×
076 ○　077 ×　078 ○

해설

079
저밀도의 목재는 고밀도의 목재보다 발화점이 낮다.
→ 저밀도의 목재는 다공성을 가진다. 다공성일수록 산소와의 접촉면적이 크므로 쉽게 발화된다.

080
목조건축물은 건축물 자체에 개구부가 많아 공기의 유통이 원활하여 격심한 연소현상을 나타내며, 고온단기형 이다.

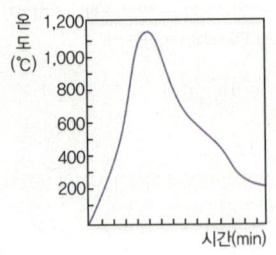

083
내화건축물(저온장기형)

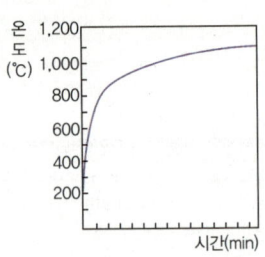

정답
079 × 080 × 081 ○ 082 ○
083 ○ 084 ○

---

079 〔예상〕 고밀도의 목재는 저밀도의 목재보다 발화점이 낮다. ○|×

080 〔기출〕 목조건축물은 건축물 자체에 개구부가 많아 공기의 유통이 원활하여 격심한 연소현상을 나타내며, 저온장기형이다. ○|×

081 〔예상〕 목조건축물은 접촉, 비화, 복사열로 인해 화재가 확대된다. ○|×

082 〔기출〕 목조건축물은 화재가 발생되면 최고온도가 1,100도 이상이고, 내화구조에 비해 플래시오버가 더 빨리 일어난다. ○|×

083 〔기출〕 내화건축물은 목조건축물에 비해 공기 유통조건이 일정하며 화재진행시간도 길고, 저온장기형이다. ○|×

084 〔기출〕 내화구조에 비해 목조건물은 환기가 더 잘되어 화재진행이 빠르다. ○|×

4 화재용어

LINK 132~133p

085 [기출] 화재하중이란 건축물이나 구조물 등의 화재에서 화재실의 단위면적당 가연물질의 양을 말한다. ◯ | ✕

해설

085
화재하중 단위: kg/m²

086 [기출] 화재하중은 화재 시 예상 가능한 최대 가연물질의 양을 뜻하고 실내 내장재를 불연화하면 화재하중이 감소된다. ◯ | ✕

087 [기출] 화재하중 산출요소
① 가연물의 배열상태 ◯ | ✕
② 가연물의 질량 ◯ | ✕
③ 가연물의 단위발열량 ◯ | ✕
④ 목재의 단위발열량 ◯ | ✕
⑤ 화재실의 바닥면적 ◯ | ✕

087
① 가연물의 배열상태 → 화재강도 영향인자

088 [기출] 가연물의 비표면적이 클수록, 화재실의 열방출률이 클수록 화재실의 단열성이 좋을수록 화재강도는 증가한다. ◯ | ✕

089 [기출] 화재강도는 화재실의 구조나 개구부 면적에 영향을 받지 않는다. ◯ | ✕

089
화재강도는 화재실의 구조나 개구부 면적에 영향을 받는다.

090 [예상] 화재강도는 연소열이 클수록 높아지며, 가연물의 배열상태에 영향을 받는다. ◯ | ✕

정답
085 ◯   086 ◯
087 ① ✕ ② ◯ ③ ◯ ④ ◯ ⑤ ◯
088 ◯   089 ✕   090 ◯

CHAPTER 01 건축물의 화재   97

해설

091
화재가혹도 = 최고온도(질적 개념)×지속시간(양적 개념)

092
전체 가연물의 양(발열량)이 동일할 때 화재실의 바닥면적이 작아지면 화재하중은 증가한다.

093
화재가혹도란 화재심도라고도 불리우며 화재 시 건물 내 수용재산 및 건물 자체에 손상을 주는 정도로서 최고온도×지속시간이다.

097
화재가혹도에 영향을 미치는 환기요소는 개구부 면적에 비례하고, 개구부 높이의 제곱근에 비례한다.

정답
091 ○ 092 × 093 × 094 ○
095 ○ 096 ○ 097 ×

---

091 〔기출〕 최고온도에서 연소시간이 지속될수록 화재가혹도는 높아진다. ○ ×

092 〔기출〕 전체 가연물의 양(발열량)이 동일할 때 화재실의 바닥면적이 커지면 화재하중은 증가한다. ○ ×

093 〔기출〕 화재강도란 화재심도라고도 불리우며 화재 시 건물 내 수용재산 및 건물 자체에 손상을 주는 정도로서 최고온도×지속시간이다. ○ ×

094 〔기출〕 최고온도는 화재가혹도의 질적 개념으로 화재강도와 관련이 있고 지속시간은 화재가혹도의 양적 개념으로 화재하중과 관련이 있다. ○ ×

095 〔기출〕 화재실의 환기요소는 화재가혹도에 영향을 준다. ○ ×

096 〔예상〕 화재가혹도는 화재의 세기를 말하며, 손실과는 비례관계이다. ○ ×

097 〔기출〕 화재가혹도에 영향을 미치는 환기요소는 개구부 면적의 제곱근에 비례하고 개구부 높이에 비례한다. ○ ×

098 화재가혹도는 화재실이나 화재구획의 단열성에 영향을 받지 않는다. O|X

098
화재가혹도는 화재실이나 화재구획의 단열성에 영향을 받는다.

099 화재저항은 화재 시 화재가혹도를 견디는 내력을 말한다. O|X

정답
098 ×　099 ○

CHAPTER 02 건축방재

LINK 134~143p

1 건축물의 내장재료 및 구조

LINK 134~137p

해설

100
③ 발연량을 측정하는 경우 최대 연기밀도는 400 이하

기출

100 방염성능기준
① 버너의 불꽃을 제거한 때부터 불꽃을 올리며 연소하는 상태가 그칠 때까지 시간은 20초 이내 ○|×
② 탄화한 면적은 50cm² 이내, 탄화한 길이는 20cm 이내 ○|×
③ 발연량을 측정하는 경우 최대 연기밀도는 500 이하 ○|×
④ 불꽃에 의하여 완전히 녹을 때까지 불꽃의 접촉횟수는 3회 이상 ○|×

101
보, 내력벽, 기둥, 캐구부, 바닥, 지붕틀, 주계단은 주요구조부에 해당한다.

기출

101 보, 내력벽, 기둥, 개구부, 바닥은 주요구조부에 해당한다. ○|×

102
내화구조는 화재 시 일정 시간동안 건물의 강도 및 그 성능을 유지할 수 있는 구조로 화재 진화 후 간단한 수선으로 재사용이 가능하다.

예상

102 방화구조는 화재 시 일정 시간동안 건물의 강도 및 그 성능을 유지할 수 있는 구조로 화재 진화 후 간단한 수선으로 재사용이 가능하다. ○|×

정답
100 ① ○ ② ○ ③ × ④ ○
101 × 102 ×

2 건축물의 방화구획 및 방화설비

LINK 137~138p

해설

103
방화구획이란 실내화재 발생 시 하중지지력, 차염성, 차열성을 확보하기 위하여 설정하는 구획을 말한다.

기출

103 방연구획이란 실내화재 발생 시 하중지지력, 차염성, 차열성을 확보하기 위하여 설정하는 구획을 말한다. ○|×

정답
103 ×

104 방화구획은 연면적이 1,000m² 넘는 건축물에 해당하며, 내화구조로 된 바닥·벽, 60+방화문 또는 60분 방화문으로 구획되어야 한다. O|X

105 자동식소화설비가 설치되고 내부마감을 불연재료로 한 11층 이상의 층은 3,000m² 이내마다 방화구획한다. O|X

105 자동식소화설비가 설치되고 내부마감을 불연재료로 한 11층 이상의 층은 **1,500m²** 이내마다 방화구획한다.

106 목재구조로 된 연면적 1,000m² 이상의 건축물은 방화벽을 설치하여야 한다. O|X

106 방화벽 설치대상: 주요구조부가 내화구조 또는 불연재료가 아닌 건축물로 연면적이 1,000[m²] 이상인 건축물

107 연기 및 불꽃을 차단할 수 있는 시간이 60분 이상인 성능은 60분 방화문으로 본다. O|X

108 연기 및 불꽃을 차단할 수 있는 시간이 30분 이상이고, 열을 차단할 수 있는 시간이 60분 이상인 성능은 60분+방화문으로 본다. O|X

108 연기 및 불꽃을 차단할 수 있는 시간이 **60분** 이상이고, 열을 차단할 수 있는 시간이 **30분** 이상인 성능은 60분+방화문으로 본다.

109 방화구획의 60분 방화문 및 60분+방화문은 언제나 닫힌 상태이거나 화재 시 연기·온도에 의하여 수동으로 닫히는 구조로 하여야 한다. O|X

109 방화구획의 60분 방화문 및 60분+방화문은 언제나 닫힌 상태이거나 화재 시 연기·온도에 의하여 **자동**으로 닫히는 구조로 하여야 한다.

정답
104 O 105 × 106 O 107 O
108 × 109 ×

3 건축물의 용어

LINK 139~140p

기출
110 무창층이란 지상층 중 개구부가 바닥면적의 1/30 이하가 되는 층을 말한다. O|X

해설
111 특별피난계단: 11층(공동주택의 경우에는 16층) 이상 또는 지하 3층 이하인 층에 설치

기출
111 지하 3층에서 지상으로 통하는 계단은 특별피난계단으로 하여야 한다. O|X

정답
110 O 111 O

4 건축물의 방재계획

LINK 140~141p

해설
112 방화의 기본사항 중 공간적 대응으로 **구조성**, 대항성, 도피성, 회피성이 있다.

기출
112 방화의 기본사항 중 공간적 대응으로 구조성, 대항성, 도피성, 회피성이 있다. O|X

정답
112 ×

5 건축물의 피난계획

LINK 142~143p

해설
113 피난설비는 **이동식 설비**보다 **고정식 설비** 위주로 설치한다.

기출
113 피난설비는 고정식 설비보다 이동식 설비 위주로 설치한다. O|X

기출
114 피난 경로는 간단·명료하게 하도록 하고 피난 수단은 원시적인 방법에 의한 것을 원칙으로 한다. O|X

정답
113 × 114 O

115 피난설비는 가반식이어야 하고 상용의 직통계단을 사용한다. O│X

115
피난설비는 고정식이어야 하고 피난계단을 사용한다.

116 피난통로는 2방향이고 화재발생구역과 멀어야 한다. O│X

116
피난통로는 2방향이고 그 말단은 화재로부터 안전한 장소이어야 한다.

117 피난통로는 2개 이상 나누고 피난의 마지막 종단에는 충분한 공간이 있어야 한다. O│X

118 좌회본능이란 오른손잡이는 오른발을 축으로 우측으로 행동하는 습성을 말한다. O│X

118
좌회본능이란 오른손잡이는 오른발을 축으로 좌측으로 행동하는 습성을 말한다.

119 지광본능에 따라 거주인원은 가능한 개구부나 조명부 등의 밝은 곳으로 이동하게 된다. O│X

120 화재가 발생하면 각자 나름대로 편한 방법으로 행동하려는 인간의 피난본능이 있다. O│X

120
화재가 발생하면 한 사람의 리더를 추종하는 인간의 피난본능이 있다.

정답
115 × 116 × 117 ○ 118 ×
119 ○ 120 ×

SILVITAIL

PART

V

—

소화

CHAPTER 01   소화이론
CHAPTER 02   소화약제

CHAPTER 01 소화이론

LINK 154~156p

1 소화의 기본원리

LINK 154p

[해설]
001
화재의 기본적인 소화방법으로 냉각소화, 질식소화, **제거소화**, 연쇄반응 차단(**부촉매 소화**)이 있다.

[정답]
001 ×

기출
001 화재의 기본적인 소화방법으로 냉각소화, 질식소화, 촉매소화, 연쇄반응 차단이 있다. O|X

2 물리적 소화방법

LINK 155p

[해설]
002
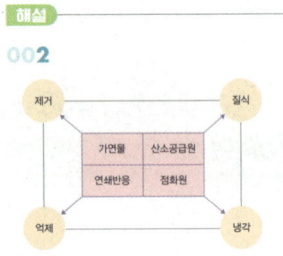

003
질식소화는 산소의 농도를 떨어뜨려 소화하는 방법으로 밀폐된 공간의 소화에 **효과적이다**.

기출
002 제거소화는 가연물을 제거하여 소화하는 방법으로 촛불을 입으로 불어서 끄는 것, 유전 표면의 증기를 날려보내는 것 등이 있으며, 냉각소화는 연소 중의 가연물에 물을 주수하여 열 방출량을 낮추는 소화방법을 말한다. O|X

기출
003 질식소화는 산소의 농도를 떨어뜨려 소화하는 방법으로 밀폐된 공간의 소화에 효과적이지 못하다. O|X

기출
004 질식소화는 연소하기 위해서 반드시 필요한 산소공급원의 공급을 차단하여 연소를 중단시키는 방법으로 물질마다 차이는 있지만 액체의 경우는 산소농도가 15% 이하일 때 불이 꺼진다. O|X

기출
005 유화소화란 에멀션(emulsion) 효과를 이용하여 소화하는 방법을 말한다. O|X

[정답]
002 O 003 × 004 O 005 O

106 PART Ⅴ 소화

006 유화효과는 물보다 비중이 큰 중유 등 비수용성의 유류화재 시 포 소화약제를 방사하거나 무상주수로 유류표면을 두드려서 증기발생을 억제함으로써 연소성을 상실시키는 소화효과이다. O | X

006 유화효과를 높이기 위해서 질식 효과의 물방울입자 크기보단 약간 크게 하고 고압으로 방사해야 한다.

007 유화소화란 비중이 물보다 큰 유류 등 비수용성 유류화재 시 무상주수하거나 포 소화약제를 방사하여 유류표면에 엷은 층이 형성되어 공기의 산소공급을 차단시켜 소화하는 방법을 말한다. O | X

008 유류탱크 화재 시 탱크 밑으로 기름을 빼내는 방법, 연소물이나 화원을 제거하여 소화하는 것은 냉각소화에 해당한다. O | X

008 유류탱크 화재 시 탱크 밑으로 기름을 빼내는 방법, 연소물이나 화원을 제거하여 소화하는 것은 **제거소화**에 해당한다.

009 제거소화는 연소반응이 일어나고 있는 연소물이나 화원을 제거하여 연소반응을 중지시켜 소화하는 방법을 말한다. O | X

010 희석소화란 알코올 화재 시 대량의 물로 소화하는 것이다. O | X

010 다량의 물을 주입하여 알코올의 농도를 낮춰(희석시켜) 소화하는 방법이다.

011 부촉매소화는 가스화재 시 가스공급을 차단하여 소화하는 방법을 말한다. O | X

011 **제거소화**는 가스화재 시 가스공급을 차단하여 소화하는 방법을 말한다.

정답
006 O 007 O 008 X 009 O
010 O 011 X

해설

012
화재의 소화작업에 주로 물을 사용하는 이유는 물의 **증발잠열**을 이용하기 위해서이다.

014
③ 냉각소화
④ 질식소화
⑥ 냉각소화
⑦ 냉각소화

015
산림화재 시 화재 **진행방향**(풍하측)으로 나무를 벌목하는 것은 제거소화의 방법 중 하나이다.

---

012 〔기출〕
화재의 소화작업에 주로 물을 사용하는 이유는 물의 비중을 이용하기 위해서이다. ◯ | ✕

013 〔기출〕
냉각소화로 많이 이용되는 물은 비열, 증발잠열의 값이 다른 물질에 비해 커서 가연성 물질을 발화점 또는 인화점 이하로 냉각하는 효과가 있다. ◯ | ✕

014 〔기출〕
제거소화방법
① 전기화재 시 전원 차단 ◯ | ✕
② 가스화재 시 가스공급 차단 ◯ | ✕
③ 일반화재 시 옥내소화전 사용 ◯ | ✕
④ 유류화재 시 포소화약제 사용 ◯ | ✕
⑤ 산불화재 시 방화선(도로) 구축 ◯ | ✕
⑥ 프라이팬에 있는 식용유에 불이 붙어서 상온의 식용유를 사용 ◯ | ✕
⑦ 식용유 화재 시 주변의 야채를 집어 넣어 소화 ◯ | ✕

015 〔기출〕
산림화재 시 화재 진행의 반대방향으로 나무를 벌목하는 것은 제거소화의 방법 중 하나이다. ◯ | ✕

016 〔기출〕
물 등을 이용하여 가연성 연소분해물의 생성열을 흡수, 열을 흡수하여 연소반응의 속도를 지연, 점화원 이하의 에너지 상태로 가연물을 유지하는 것은 모두 냉각소화방법에 해당되며, 냉각소화가 가능한 약제로는 물, 강화액, CO_2, 할론 등이 있다. ◯ | ✕

정답

012 ✕ 013 ◯
014 ① ◯ ② ◯ ③ ✕ ④ ✕ ⑤ ◯
　　⑥ ✕ ⑦ ✕
015 ✕ 016 ◯

017 발화점 이하의 에너지 상태로 가연물을 유지, 열을 흡수하여 가연성 연소생성물의 생성을 억제, 화학적 연소반응의 속도를 지연키시는 것은 모두 냉각소화방법에 해당하며, 봉상주수는 냉각소화효과가 있는 주수방법이다. O|X

017 발화점 이하의 에너지 상태로 가연물을 유지, 열을 흡수하여 가연성 연소생성물의 생성을 억제, **화학적 연소반응의 속도를 지연시키는** 것은 모두 냉각소화방법에 해당하며, 봉상주수는 냉각소화효과가 있는 주수방법이다.
→ 화학적 연소반응의 속도를 지연시키는 것은 부촉매 소화방법에 해당한다.

018 유류화재에 물을 무상(안개형태)으로 방사하여 소화하는 것을 질식소화라 한다. O|X

019 질식소화는 일반적으로 공기 중 산소 농도를 낮추어 소화하는 방법을 말한다. O|X

020 중질유화재에 무상주수 시 질식소화, 유화소화 효과가 있다. O|X

021 피복소화는 비중이 물보다 큰 비수용성 유류화재 시 무상주수하여 소화하는 방법을 말한다. O|X

021 **유화소화**는 비중이 물보다 큰 비수용성 유류화재 시 무상주수하여 소화하는 방법을 말한다.

022 억제소화란 알코올과 같은 수용성 액체의 화재 발생 시 다량의 물을 주입하여 연소농도를 낮추어 소화하는 것이다. O|X

022 **희석소화**란 알코올과 같은 수용성 액체의 화재 발생 시 다량의 물을 주입하여 연소농도를 낮추어 소화하는 것이다.

정답
017 × 018 ○ 019 ○ 020 ○
021 × 022 ×

CHAPTER 01 소화이론 **109**

3 화학적 소화방법 LINK 156p

해설

023

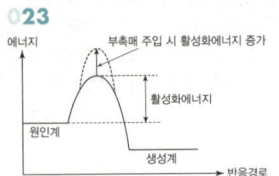

024
부촉매 소화는 활성화에너지를 높여서 소화하는 방법이다.

025
연쇄반응이란 화학적 반응에서 지속적으로 활성라디칼이 발생되어 반응이 지속되는 과정인데 화학적 소화는 이런 연쇄 전달체의 발생을 억제하여 소화하는 것을 말한다.

026
활성화된 수소기와 수산기의 작용을 차단하여 소화하는 방법은 부촉매 소화 방법이고, 산소의 농도를 15% 이하로 낮춰 소화하는 방법은 질식소화 방법이므로 원리가 다르다.

027
강화액 소화약제, 분말 소화약제, 수성막포 소화약제, 할론 소화약제를 사용하면 가연물의 화학적 연쇄반응 속도를 줄여 소화할 수 있다.
→ 수성막포 소화약제의 주된 소화효과는 질식·냉각이다.

정답
023 ○ 024 × 025 × 026 ×
027 ×

---

023 [기출]
부촉매 소화는 연소반응속도를 조절하여 화학적으로 소화하는 것이다. O | X

024 [기출]
부촉매 소화는 활성화에너지를 낮추어 소화하는 방법이다. O | X

025 [예상]
연쇄반응이란 화학적 반응에서 지속적으로 활성라디칼이 발생되어 반응이 지속되는 과정인데 화학적 소화는 이런 연쇄 전달체의 발생을 촉진하여 소화하는 것을 말한다. O | X

026 [기출]
활성화된 수소기와 수산기의 작용을 차단하여 소화하는 방법은 산소의 농도를 15% 이하로 낮춰 소화하는 원리와 동일하다. O | X

027 [기출]
강화액 소화약제, 분말 소화약제, 수성막포 소화약제, 할론 소화약제를 사용하면 가연물의 화학적 연쇄반응 속도를 줄여 소화할 수 있다. O | X

CHAPTER 02 소화약제

028 소화약제가 되기 위해서는 연소의 요소 중 한 가지 이상을 제거 또는 차단할 수 있어야 하며, 고가인 가격, 인체에 무독성이고 환경에 대한 오염이 적어야 하며 저장에 있어 변질이 발생하지 않고 안정성이 있어야 한다. O | X

해설 028 소화약제가 되기 위해서는 연소의 요소 중 한 가지 이상을 제거 또는 차단할 수 있어야 하며, 저렴한 가격(경제적), 인체에 무독성이고 환경에 대한 오염이 적어야 하며 저장에 있어 변질이 발생하지 않고 안정성이 있어야 한다.

029 가스계 소화약제에는 이산화탄소 소화약제, 할론 소화약제, 분말 소화약제, 강화액 소화약제가 있으며, 수계 소화약제에는 공기포 소화약제, 물 소화약제가 있다. O | X

해설 029 가스계 소화약제에는 이산화탄소 소화약제, 할론 소화약제, 분말 소화약제가 있으며, 수계 소화약제에는 강화액 소화약제, 공기포 소화약제, 물 소화약제가 있다.

030 가스계 소화약제에는 이산화탄소 소화약제, 할론 소화약제, 강화액 소화약제가 있으며 모두 부촉매, 냉각, 질식의 소화효과를 가지고 있다. O | X

해설 030 가스계 소화약제에는 ~~이산화탄소 소화약제~~, 할론 소화약제, 강화액 ~~소화약제~~가 있으며 ~~모두~~ 부촉매, 냉각, 질식의 소화효과를 가지고 있다.
→ 이산화탄소 소화약제는 부촉매 효과가 없다.
→ 강화액 소화약제는 부촉매, 냉각, 질식의 소화효과를 가지고 있으나 수계 소화액제이다.

정답 028 × 029 × 030 ×

1. 물 소화약제

031 물은 분자 내에서는 수소결합을, 분자 간에는 극성공유결합을 하여 소화약제로써의 효과가 뛰어나다. O | X

해설 031 물은 분자 내에서는 극성공유결합을, 분자 간에는 수소결합을 하여 소화약제로써의 효과가 뛰어나다.

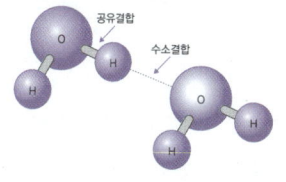

정답 031 ×

해설

○○○ 기출
032 물 소화약제는 주수 방법에 따라 냉각효과 및 질식효과가 있으며, 분무 방사 시 B급 화재 및 C급 화재에도 적응성이 있다. ☐O☐X

033 물은 비교적 큰 표면장력을 가지고 있으며, 1기압에서 기화열이 539[cal/g]로 다른 물질보다 커서 냉각소화 효과가 아주 뛰어나다.

○○○ 기출
033 물은 비교적 큰 표면장력을 가지고 있으며, 1기압에서 기화열이 1[cal/g]로 다른 물질보다 커서 냉각소화 효과가 아주 뛰어나다. ☐O☐X

○○○ 기출
034 물은 비압축성이므로 압력이나 유속의 변화에 따라 체적이 변하지 않는다. ☐O☐X

○○○ 예상
035 물은 4[℃]일 때 밀도가 가장 높고 가장 무겁다. ☐O☐X

○○○ 기출
036 물은 기화잠열이 539[kcal/kg]이며 물은 증발하면 약 1,700배 부피가 팽창하고 질식효과가 있다. ☐O☐X

○○○ 기출
037 물 소화약제를 무상주수하게 되면 냉각효과뿐만 아니라 수증기의 급격한 팽창에 의한 산소농도를 감소시켜 질식효과를 기대할 수 있다. ☐O☐X

정답
032 O 033 × 034 O 035 O
036 O 037 O

038 물 소화약제는 자기 자신이 가지고 있는 비열 및 기화열의 값이 다른 소화약제에 비하여 높고, 장기간 저장해도 소화약제로서의 기능이 상실되지 않는다. O|X

039 물은 압력을 가하면 압축이 가능하고 경제적이며 모든 종류의 소화에 적합하다. O|X

039 물은 압력을 가하면 압축이 **불가능하고(비압축성)** 경제적이며 모든 종류의 소화에 적합하다.

040 물분무소화설비는 봉상주수와 적상주수보다 질식효과가 더 좋고, 파괴력이 있다. O|X

040 물분무소화설비는 봉상주수와 적상주수보다 질식효과가 더 좋고, 파괴력이 **적다**.

041 무상주수시 화원주위에 복사열 증진효과가 있다. O|X

041 무상주수시 화원주위에 복사열 **차단**효과가 있다.

042 무상주수는 열의 차폐에도 유효하여 가스화재 및 폭발제어 설비로도 사용된다. O|X

043 냉각소화와 질식작용에 가장 큰 효과를 낼 수 있는 것은 봉상주수이다. O|X

043 냉각소화와 질식작용에 가장 큰 효과를 낼 수 있는 것은 **무상주수**이다.

044 물의 입자크기가 크게 되면 표면적이 증가해서 열을 흡수하여 기화가 용이하게 되므로 입경이 클수록 냉각효과가 크다. O|X

044 물의 입자크기가 **작게** 되면 표면적이 증가해서 열을 흡수하여 기화가 용이하게 되므로 입경이 **작을수록** 냉각효과가 크다.

정답
038 ○ 039 × 040 × 041 ×
042 ○ 043 × 044 ×

해설

045
일반적으로 유류화재 시 물을 사용하면 연소면이 확대되기 때문에 물을 사용할 수 없다.

046
유류화재시 봉상주수하는 경우 연소면 확대 우려가 있어 사용 불가능하다.
→ 무상주수는 가능하다.

049
물을 무상으로 방사하는 경우 봉상보다 질식·유화작용 및 타격·파괴효과 가 좋다.

050
물 소화약제는 제4류 위험물 중 중질유인 중유 화재 시 무상주수에 의해서 유화층을 형성하여 질식·냉각 및 유화소화작용을 일으켜 신속하게 소화하는 기능을 갖는다.

---

045 〔기출〕 물은 B급 화재(유류화재)에서는 오히려 화재가 확대될 수 있다. O|X

046 〔기출〕 봉상주수는 유류화재에 가능하다. O|X

047 〔기출〕 유화효과를 높이기 위해서 질식 효과의 물방울 입자크기보단 약간 크게 하고 고압으로 방사해야 한다. O|X

048 〔기출〕 물 소화약제는 화재에 대하여 냉각·질식·유화·희석소화작용과 고압으로 주수 시 화재의 화세를 제압하거나 이웃한 소방대상물로의 연소방지 기능 등 여러 가지의 소화작용을 가지고 있다. O|X

049 〔예상〕 물을 무상으로 방사하는 경우 봉상보다 질식·유화작용 및 타격·파괴효과가 좋다. O|X

050 〔기출〕 물 소화약제는 제4류 위험물 중 중질유인 중유 화재 시 봉상주수에 의해서 유화층을 형성하여 질식·냉각 및 유화소화작용을 일으켜 신속하게 소화하는 기능을 갖는다. O|X

051 〔기출〕 중질유화재에 물을 무상으로 주수 시 급속한 증발에 의한 질식효과와 함께 에멀션(emulsion) 형성에 의한 유화효과가 있다. O|X

정답
045 O 046 ✕ 047 O 048 O
049 ✕ 050 ✕ 051 O

052 물 소화약제 첨가제 중 증점제는 주요 기능이 물의 표면장력을 작게하여 심부화재에 대한 적응성을 높여준다. O|X

052 물 소화약제 첨가제 중 **침투제**는 주요 기능이 물의 표면장력을 작게하여 심부화재에 대한 적응성을 높여준다.

053 Viscosity Agent는 물의 유실방지 및 소방대상물의 표면에 오랫동안 잔류하면서 무상주수 시 물체의 표면에서 점성의 효력을 올려주는 약제이다. O|X

053 Viscosity agent=증점제

054 물에 침투제를 첨가하는 이유는 표면장력을 증가시켜 소화능력을 향상하기 위함이다. O|X

054 물에 침투제를 첨가하는 이유는 표면장력을 **감소**시켜 소화능력을 향상하기 위함이다.

055 유동화제는 소방용수의 유출 속도를 낮추기 위해 물에 섞는 소화 용수용 액체이다. O|X

055 유동화제는 소방용수의 유출 속도를 **높이기** 위해 물에 섞는 소화 용수용 액체이다.

056 물은 수소결합으로 안정성이 높아 각종 약제를 혼합하여 사용이 가능하다는 장점이 있으며 친환경적이다. O|X

정답
052 × 053 ○ 054 × 055 ×
056 ○

2 포 소화약제

해설

058
포 소화약제의 구비조건으로 안정성, 내유성, 유동성, 내열성, 소포성이 좋아야 한다.
→ 소포성은 적어야 한다.

061
팽창비란 최종 발생한 포 체적을 원래 포 수용액 체적으로 나눈 값을 말한다.

$$팽창비 = \frac{발포 후 포의 체적}{발포 전 포 수용액의 체적}$$

063
포소화설비에서 고발포로서 제2종 기계포의 거품 팽창비율은 250배 이상 500배 미만이다.

---

057 〔기출〕 포 소화약제의 주 소화효과는 질식과 냉각이다. ○│×

058 〔예상〕 포 소화약제의 구비조건으로 안정성, 내유성, 유동성, 내열성, 소포성이 좋아야 한다. ○│×

059 〔기출〕 폼(form)을 방사하는 경우 화원의 표면을 덮음으로써 유류표면에 물로 형성된 층은 물과 기름의 엷은 막을 만들며 공기차단하는 질식소화 효과가 있다. ○│×

060 〔기출〕 포는 기계포와 화학포로 나누는 데 화학포는 일반적으로 사용하고 있지 않다. ○│×

061 〔기출〕 팽창비란 최종 발생한 포 수용액 체적을 원래 포 체적으로 나눈 값을 말한다. ○│×

062 〔기출〕 팽창비율에 따른 포의 종류로서 팽창비가 20 이하인 것을 저발포라 하고, 팽창비가 80 이상 1,000 미만인 것을 고발포라 한다. ○│×

063 〔기출〕 포소화설비에서 고발포로서 제2종 기계포의 거품 팽창비율은 80배 이상 250배 미만 이다. ○│×

정답
057 ○ 058 × 059 ○ 060 ○
061 × 062 ○ 063 ×

064 발포배율이 다양하여 고발포 및 저발포로서 소화가 가능한 것은 불화단백포이다. ⓞ | Ⓧ

064 발포배율이 다양하여 고발포 및 저발포로 소화가 가능한 것은 **합성계면활성제포**이다.

065 합성계면활성제포 소화약제는 유동성과 저장성이 우수하며 저팽창포부터 고팽창포까지 사용할 수 있다. ⓞ | Ⓧ

066 단백포 소화약제는 유동성과 유면 봉쇄성은 좋으나 내열성이 나쁘고 유류를 오염시키는 단점이 있다. ⓞ | Ⓧ

066 단백포 소화약제는 **내열성**과 유면 봉쇄성은 좋으나 **유동성**이 나쁘고 유류를 오염시키는 단점이 있다.

067 단백포와 불화단백포는 단친매성이고, 수성막포와 합성계면활성제포는 양친매성이다. ⓞ | Ⓧ

067 **수성막포**와 불화단백포는 단친매성이고, **단백포**와 합성계면활성제포는 양친매성이다.

068 단백포와 합성계면활성제포는 친수성, 친유성이다. ⓞ | Ⓧ

069 수성막포와 단백포는 내열성이 약해 윤화현상(Ring fire) 발생 우려가 있다. ⓞ | Ⓧ

069 수성막포와 **합성계면활성제포**는 내열성이 약해 윤화현상(Ring fire) 발생 우려가 있다.

070 불화단백포 소화약제는 불소계 계면활성제를 첨가하여 단백포 소화약제의 단점인 유동성을 보완하였다. ⓞ | Ⓧ

정답
064 ✕ 065 ○ 066 ✕ 067 ✕
068 ○ 069 ✕ 070 ○

해설

071 불화단백포 및 수성막포는 내유성이 좋아 표면하주입방식에 사용할 수 있다. O|X

072 수성막포 소화약제는 내유성이 있어 탱크 하부에서 발포하는 표면하 주입방식이 가능하며 분말소화약제와 함께 사용 시 소화능력이 강화된다. O|X

073
수성막포는 기름 표면에 얇은 수성막을 형성하여 유면으로부터 가연성 증기 발생을 억제하며, Light water 또는 AFFF(Aqueous film forming foam)이라고도 한다.

073 단백포는 기름 표면에 얇은 수성막을 형성하여 유면으로부터 가연성 증기 발생을 억제하며, Light water 또는 AFFF(Aqueous film forming foam)이라고도 한다. O|X

074
탄화수소계 계면활성제를 함유하고 있는 합성계면활성제포는 친수성이고 유동성이 좋으며 내유성은 좋지 않다.

074 불소를 함유하고 있는 합성계면활성제포는 친수성이고 유동성과 내유성이 좋다. O|X

075
고발포를 건물화재(A급화재)에 사용하는 경우 물 소화약제에 비해 사용수량이 적어 소화 후 물에 의한 피해가 적다.

075 고발포를 건물화재(A급화재)에 사용하는 경우 물 소화약제에 비해 사용수량이 많아 소화 후 물에 의한 피해가 크다. O|X

076
단백포는 동물의 뿔, 발톱, 동물의 피 등으로서 만들며 내열성과 점착성이 좋으며, 유동성은 좋지 않다.

076 단백포는 동물의 뿔, 발톱, 동물의 피 등으로서 만들며 내열성과 점착성, 유동성이 우수하다. O|X

정답
071 O 072 O 073 × 074 ×
075 × 076 ×

077 내알코올포란 수용성 용매가 포 속의 물을 탈취하여 포가 파괴되는 현상(파포현상)을 방지하기 위해 사용하는 포 소화약제로 단백질의 가수분해 생성물질과 합성세제 등을 주성분으로 제조한 것이다. O | X

078 내알코올포는 알코올류, 케톤류, 에스테르류 등과 같은 수용성 위험물 화재에 소화 적응성이 아주 우수하다. O | X

079 알콜형포는 파포현상을 방지하기 위해 단백포의 가수분해물질, 계면활성제에 금속비누 등을 첨가하여 유화·분산시키는 소화약제로 비누화 현상을 일으킨다. O | X

080 알콜형포 사용 시 비누화현상이 일어나면 소화능력이 떨어진다. O | X

081 수성막포 소화약제는 불소계 계면활성제를 주성분으로 드라이케미컬과 혼합 시 소화력이 7~8배 상승효과를 갖는 포 소화약제이다. O | X

082 수성막포 소화약제는 불소계 계면활성제를 주성분으로 한 것으로 안정성이 좋아 장기보존이 가능하다. O | X

083 환원시간은 방출된 포가 파포되어 원래의 포수용액으로 환원되는데 걸리는 시간이다. 단백포와 수성막포의 25% 환원시간은 60초이고 합성계면활성제포는 120초이어야 한다. O | X

해설

080
알콜형포 사용 시 비누화현상이 일어나면 소화능력이 좋아진다.

081
CDC(Compatible Dry Chemical) 분말 소화약제
＝제3종 분말소화약제＋수성막포 소화약제

083
환원시간은 방출된 포가 파포되어 원래의 포수용액으로 환원되는데 걸리는 시간이다. 단백포와 수성막포의 25% 환원시간은 60초이고 합성계면활성제포는 180초이어야 한다.

정답
077 O 078 O 079 O 080 ×
081 O 082 O 083 ×

3 강화액 소화약제 LINK 165p

해설

084
물과 **탄산칼륨**이 혼합되어 있는 강화액 소화약제는 냉각소화작용을 하는데 소량의 **K**$^+$가 생성되어 부촉매효과를 가진다.

086
강화액 소화약제는 일반화재에 주로 적용되며, 유류화재나 전기화재에도 **무상주수 시에는 적응성이 있다.**

정답
084 × 085 ○ 086 ×

기출

084 물과 탄화칼륨이 혼합되어 있는 강화액 소화약제는 냉각소화작용을 하는데 소량의 H$^+$가 생성되어 부촉매효과를 가진다. O | X

예상

085 강화액 소화약제는 물의 소화력을 높이기 위해 화재에 억제효과가 있는 염류를 첨가하여 만든 소화약제로 어는점이 −20[℃] 이하로 낮기 때문에 한랭지역에서도 사용이 가능하다. O | X

예상

086 강화액 소화약제는 일반화재에 주로 적용되며, 무상주수시에도 유류화재나 전기화재에 적응성이 없다. O | X

---

4 산·알칼리 소화약제 LINK 165p

해설

예상

087 산·알칼리 소화약제는 수계소화약제로 A급 화재에 적응성이 있고, 무상으로 방사하는 경우 B급과 C급에서도 사용이 가능하다. O | X

정답
087 ○

5 이산화탄소 소화약제

088 이산화탄소 소화약제는 무색, 무취로 전도성이며 독성이 있다. O│X

088 이산화탄소 소화약제는 무색, 무취로 **비전도성**이며 **독성이 없다.**

089 이산화탄소는 더이상 산소와 반응하지 않는 불연성 물질이기 때문에 소화약제에 쓰이고 유류화재 및 전기화재에 주로 사용되며 일반화재에는 사용이 불가능하다. O│X

089 이산화탄소는 더이상 산소와 반응하지 않는 불연성 물질이기 때문에 소화약제에 쓰이고 유류화재 및 전기화재에 주로 사용되며 일반화재에도 사용이 **가능하다.**(밀폐된 경우)

090 이산화탄소 소화약제는 소화 후 소화약제에 의한 오손이 없고, 비전도성이다. 또한 자체 압력으로 방출이 가능하고, 불연성 기체로서 주된 소화효과는 질식효과이다. O│X

091 이산화탄소 저압식 저장용기에는 압력계가 필요 없다. O│X

091 이산화탄소 저압식 저장용기에는 압력계가 **필요하다.**

092 이산화탄소 가스는 임계온도 31.3[℃] 이하에서 압축하면 용이하게 액화된다. O│X

093 액화 이산화탄소는 자체증기압이 매우 높기 때문에 다른 가압원의 도움 없이 자체 압력으로 방사가 가능하다. O│X

094 이산화탄소 소화약제는 표면화재에 우수한 효과를 나타내며 전기화재 시에도 사용 가능하지만 심부화재에는 적응성이 없다. O│X

094 이산화탄소 소화약제는 표면화재에 우수한 효과를 나타내며 전기화재 시에도 사용 가능하고, 심부화재에도 적응성이 **있다.**

정답
088 × 089 × 090 ○ 091 ×
092 ○ 093 ○ 094 ×

해설

096
이산화탄소 소화약제는 제3류 위험물과 제5류위험물의 소화에 **사용할 수 없다.**

097
자체적으로 산소를 함유하는 물질의 장소, 전시장 등의 관람을 위하여 다수인이 출입·통행하는 통로 및 전시실, ~~제4류 위험물 인화성 액체가 있는 장소~~에는 이산화탄소 소화설비를 설치할 수 없다.

100
이산화탄소 소화약제는 나트륨, 칼륨 등 활성금속물질에서 화재 시 **사용할 수 없다.**

정답
095 ◯ 096 ✕ 097 ✕ 098 ◯
099 ◯ 100 ✕

---

095 〔예상〕
이산화탄소는 심부화재에 사용하는 경우 재발화 위험성이 있다. 따라서 심부화재의 경우에는 고농도의 이산화탄소를 방출시켜 소화농도의 분위기를 비교적 장시간 유지시켜 줌으로써 일차적인 소화는 물론 재발화의 가능성도 제거해 줄 필요가 있다. O | X

096 〔기출〕
이산화탄소 소화약제는 제3류 위험물과 제5류 위험물의 소화에 사용한다. O | X

097 〔기출〕
자체적으로 산소를 함유하는 물질의 장소, 전시장 등의 관람을 위하여 다수인이 출입·통행하는 통로 및 전시실, 제4류 위험물 인화성 액체가 있는 장소에는 이산화탄소 소화설비를 설치할 수 없다. O | X

098 〔기출〕
이산화탄소는 상온 21[℃]에서 공기 비중이 1이라면 이산화탄소의 비중은 약 1.52배이다. 이산화탄소는 공기보다 무거워 방출 시 가연물이나 화염 표면을 덮어 공기의 공급을 차단시켜 버리는 피복작용 효과가 있다. O | X

099 〔예상〕
이산화탄소 소화약제는 질식소화 효과와 기화열 흡수에 의한 냉각효과가 있다. O | X

100 〔예상〕
이산화탄소 소화약제는 나트륨, 칼륨 등 활성금속물질에서 화재 시 우수한 소화효과를 나타낸다. O | X

101 화재 시 CO_2를 방출하여 산소의 농도를 14[%]로 낮추어 소화하려면 CO_2의 최소설계농도는 33.33[%] 이상으로 설계해야 한다. O|X

해설

101 화재 시 CO_2를 방출하여 산소의 농도를 14[%]로 낮추어 소화하려면 CO_2의 최소설계농도는 40[%] 이상으로 설계해야 한다.

$$\left(\frac{21-14}{21}\times 100\right)\times 1.2 = 40$$

∴ 최소설계농도는 최소 34[%] 이상이다.

정답
101 ×

6 분말 소화약제

LINK 168~171p

102 분말소화약제 사용 시 부촉매효과, 질식효과, 냉각효과, 방사열차단효과, 유화효과가 있다. O|X

해설

102 분말소화약제 사용 시 부촉매효과, 질식효과, 냉각효과, 방사열차단효과, 유화효과가 있다.

103 분말은 미세할수록 소화효과가 크며 화염 속으로의 침투성도 좋아진다. O|X

103 분말은 20~25μm일 때 최적의 소화효과를 나타내며 화염 속으로의 침투성도 좋아진다.
→ 분말 소화약제의 입자는 너무 커도, 미세해도 좋지 않다.

104 분말의 방습이 좋지 않으면 소화효과가 떨어지기 때문에 방습제를 사용한다. O|X

105 분말은 유동성이 좋아야 소화효과가 높아진다. O|X

정답
102 × 103 × 104 ○ 105 ○

해설

106
분말소화약제는 전기절연성이 높아 고전압의 전기화재에 적합하다. ~~자기연소성 물질의 화재에도 강한 소화력~~을 가지고 있다.
→ 자기연소성 물질은 냉각소화한다.

107
탄산수소나트륨, 탄산수소칼륨, 제1인산암모늄, ~~인산나트륨~~은 분말 소화약제로 사용된다.

108
칼륨이온이 **나트륨**이온보다 반응성이 크기 때문에 **제2종** 분말소화약제가 **제1종** 분말소화약제보다 소화능력이 약 2배 우수하다.

109
제2종 분말소화약제의 주성분은 $KHCO_3$(탄산수소칼륨)이다.

110
제4종 분말소화약제의 성분은 **중탄산칼륨**+요소이다.

111
제3종 분말 소화약제는 메타인산의 방진효과에 의해 일반화재(A급 화재)에도 사용이 가능하다.

---

106 〇△× 기출
분말소화약제는 전기절연성이 높아 고전압의 전기화재에도 적합하며, 자기연소성 물질의 화재에도 강한 소화력을 가지고 있다. 〇 ×

107 〇△× 기출
탄산수소나트륨, 탄산수소칼륨, 제1인산암모늄, 인산나트륨은 분말 소화약제로 사용된다. 〇 ×

108 〇△× 예상
나트륨이온이 칼륨이온보다 반응성이 크기 때문에 제1종 분말소화약제가 제2종 분말소화약제보다 소화능력이 약 2배 우수하다. 〇 ×

109 〇△× 기출
제3종 분말소화약제의 주성분은 $KHCO_3$이다. 〇 ×

110 〇△× 기출
제4종 분말소화약제의 성분은 중탄산나트륨+요소이다. 〇 ×

111 〇△× 기출
제3종 분말소화약제는 현재 생산되고 있는 분말소화약제의 대부분을 차지하고 있으며, ABC급 분말소화약제라고도 부른다. 〇 ×

112 〇△× 기출
제1종 분말소화약제는 질식효과, 냉각효과, 비누화반응이 있다. 〇 ×

정답
106 ×　107 ×　108 ×　109 ×
110 ×　111 〇　112 〇

113 제1종 분말소화약제와 제2종 분말소화약제가 방사되었을 때 O_2와 CO_2가 생성된다. ○│×

해설
113 제1종 분말소화약제와 제2종 분말소화약제가 방사되었을 때 H_2O와 CO_2가 생성된다.

114 제1·2·3종 분말소화약제는 열분해 반응에서 CO_2가 생성된다. ○│×

114 제1·2종 분말소화약제는 열분해 반응에서 CO_2가 생성된다.

115 제2종 분말소화약제의 착색은 담홍색이다. ○│×

115 제2종 분말소화약제의 착색은 담회색이다.
→ 제3종 분말소화약제의 착색: 담홍색

116 제3종 분말소화약제의 반응과정에서 생성된 오르소인산은 연소표면에 유리피막을 형성하여 가연물을 피복하여 연소에 필요한 산소의 유입을 차단하므로 재연소 방지효과가 커서 일반화재(A급 화재)에도 사용이 가능하다. ○│×

116 제3종 분말소화약제의 반응과정에서 생성된 메타인산은 연소표면에 유리피막을 형성하여 가연물을 피복하여 연소에 필요한 산소의 유입을 차단하므로 재연소 방지효과가 커서 일반화재(A급 화재)에도 사용이 가능하다.

117 $NaHCO_3$이 주된 성분인 분말소화약제는 B·C급 화재에 사용하고 분말 색상은 담회색이다. ○│×

117 $NaHCO_3$(탄산수소나트륨)이 주된 성분인 분말소화약제(제1종 분말소화약제)는 B·C급 화재에 사용하고 분말 색상은 백색이다.

118 $NH_4H_2PO_4$이 주된 성분인 분말소화약제는 A·B·C급 화재에 유효하고 비누화현상이 일어나지 않는다. ○│×

119 CDC 분말 소화약제는 포 소화약제의 단점인 화재진압시간과 분말 소화약제의 단점인 재발화 위험성을 보완하고자 만든 약제로 제1종 분말소화약제와 수성막포 소화약제를 활용한 것이다. ○│×

119 CDC 분말 소화약제는 포 소화약제의 단점인 화재진압시간과 분말 소화약제의 단점인 재발화 위험성을 보완하고자 만든 약제로 제3종 분말소화약제와 수성막포 소화약제를 활용한 것이다.

정답
113 × 114 × 115 × 116 ×
117 × 118 ○ 119 ×

해설

120 금속화재용 분말 소화약제에는 G-1, Met-L-X, Na-X 등이 있다. ☐O☐X

121 소화약제 자체는 인체에 무해하나 열분해 시에 유해성 가스를 발생하는 것도 있다. ☐O☐X

정답
120 O 121 O

7 할론 소화약제
LINK 172~174p

해설
122
할론 소화약제란 지방족 탄화수소인 메탄, 에탄 등의 수소원자가 주기율표 17족 원소인 불소(F), 염소(Cl), 취소(Br), 옥소(I)로 치환된 화합물이며, 할론 2402은 에탄에서 치환된 것이다.

122 할론 소화약제란 지방족 탄화수소인 메탄, 에탄 등의 수소원자가 주기율표 17족 원소인 불소(F), 염소(Cl), 취소(Br), 옥소(I)로 치환된 화합물이며, 할론 1301은 에탄에서 치환된 것이다. ☐O☐X

123 옥소(I) 화합물은 소화의 강도가 가장 강하나 다른 물질과 쉽게 결합하여 많은 분해부산물을 생성하여 독성이 많아지게 되고 경제성 또한 없어 소화약제로는 잘 사용하지 않는다. ☐O☐X

124
할론 원자수는 순서대로 F Cl Br I이다.

124 할론 원자수는 순서대로 F Br Cl I 이다. ☐O☐X

125
할론 1301, 1211은 상온·상압에서 기체로 존재하며 유류화재, 전기화재에는 적응성이 있으나 금속의 수소화합물, 유기과산화물에는 적응성이 없다.

125 할론 1301, 1211은 상온·상압에서 기체로 존재하며 유류화재, 전기화재, 금속의 수소화합물, 유기과산화물에 적응성이 있다. ☐O☐X

정답
122 ✗ 123 O 124 ✗ 125 ✗

126 〔기출〕 Halon 2402는 상온, 상압에서 액체로 존재하며 자체적인 독성은 없지만 열분해 시 독성가스를 발생시킨다. ○ | ✕

126
Halon 2402는 상온, 상압에서 액체로 존재하며 **자체적인 독성이 있기 때문에** 주로 사람이 없는 옥외시설물에 국한되어 사용한다.
→ 할론 1301, 1211은 상온, 상압에서 기체로 존재한다.

127 〔기출〕 Halon 1211은 자체 증기압이 낮아 저장용기에 저장할 때 소화약제의 원활한 방출을 위해 질소가스로 가압한다. ○ | ✕

128 〔기출〕 할론 소화약제는 물이나 이산화탄소 소화약제에 비하여 냉각효과가 약하나 모든 위험물에 적응이 가능하다. ○ | ✕

128
할론 소화약제는 물이나 이산화탄소 소화약제에 비하여 냉각효과가 약하나 **모든 위험물**에 적응이 가능하다.
→ 금속물질과 제5류 위험물 화재시 할론 소화약제 사용이 어렵다.

129 〔기출〕 오존파괴지수: 할론 1301 > 할론 1211 > 할론 2402 ○ | ✕

129
오존파괴지수:
할론 1301 > 할론 **2402** > 할론 **1211**

130 〔기출〕 염소가 함유되어 있지 않은 할론 1301은 우수한 소화력에도 불구하고 A급 화재에서는 일반적으로 적응력이 없다. ○ | ✕

130
할론 소화약제는 보통 유류화재(B급 화재), 전기화재(C급 화재)에 주로 사용되며 밀폐상태(전역방출방식)에서 방출되는 경우 일반화재(A급 화재)에도 사용이 가능하다.

131 〔기출〕 할론 소화약제의 주된 소화효과는 질식이며, 그 외에 냉각효과, 억제효과, 유화효과가 있다. ○ | ✕

131
할론 소화약제의 주된 소화효과는 **부촉매 소화**이며, 그 외에 냉각효과, **질식효과**, 유화효과가 있다.

132 〔예상〕 할론 소화약제가 고온의 화염에 접하게 되면 불활성 가스인 HF, HBr 등이 발생되는데 더 이상 연소하지 않는 물질로 대기 방출 시 산소를 희석시켜 질식작용한다. ○ | ✕

정답
126 ✕ 127 ○ 128 ✕ 129 ✕
130 ○ 131 ✕ 132 ○

8 할로겐화합물 및 불활성기체 소화약제

LINK 174~177p

해설

133 할로겐화합물(할론 1301, 1211, 2402 제외) 및 불활성기체 소화약제는 화재진화 후 잔사가 남지 않으며 전기적으로 비전도성인 소화약제이다. ○|×

134 할론 소화약제를 제외한 할로겐화합물 및 불활성기체이다.

134 할론 소화약제를 포함한 할로겐화합물 및 불활성기체이다. ○|×

135 할로겐화합물 소화약제 중 HFC-23(트리플루오르메탄)의 화학식은 CHF_3이다. ○|×

136 HCFC BLEND A는 HCFC-123 : 4.75%, HCFC-22 : 82%, HCFC-124 : 9.5%, $C_{10}H_{16}$: 3.75%로 구성되어 있다. ○|×

137 할로겐화합물 소화약제는 불소, 염소, 브롬 또는 요오드 중 하나 이상의 원소를 포함하고 있는 유기화합물을 기본성분으로 하는 소화약제를 말한다. ○|×

138 "할로겐화합물 및 불활성기체 소화약제" 중 불활성기체 소화약제는 헬륨(He), 네온(Ne), 아르곤(Ar), 질소(N) 중 하나 이상의 원소를 기본 성분으로 하는 소화약제이다.

138 "할로겐화합물 및 불활성기체 소화약제" 중 불활성기체 소화약제는 헬륨(He), 네온(Ne), 아르곤(Ar), 옥소(I) 중 하나 이상의 원소를 기본 성분으로 하는 소화약제이다. ○|×

139 할로겐화합물 소화약제의 ODP를 현저하게 낮추기 위하여 취소(Br)을 배제한다. ○|×

정답
133 ○ 134 × 135 ○ 136 ○
137 ○ 138 × 139 ○

140 할로겐화합물 및 불활성기체 소화약제는 환경영향성(오존파괴지수, 지구온난화지수, 대기 중 소멸성, 전기절연성)을 고려한 것으로 오존파괴지수와 지구온난화지수가 할론과 이산화탄소에 비해 무시할 정도로 낮다. O│X

해설 140
할로겐화합물 및 불활성기체 소화약제는 환경영향성(오존파괴지수, 지구온난화지수, 대기 중 소멸성, 전기절연성)을 고려한 것으로 오존파괴지수와 지구온난화지수가 할론과 이산화탄소에 비해 무시할 정도로 낮다.

141 할로겐화합물 및 불활성기체 소화약제는 오존층 보호용인 친환경적 소화약제이고 오존파괴지수(ODP)와 지구온난화지수(GWP)가 제로에 가깝다. O│X

142 할로겐화합물 및 불활성기체 소화약제 방출시 할론이나 이산화탄소와 같이 산소의 농도를 급격하게 저하시키지 않고 화재를 소화하는 동안 피연소물질에 물리적·화학적 변화나 재산상의 피해를 주지 않으며, 소화가 완료된 후 특별한 물질이나 지방성 부산물을 발생시키는 단점이 있다. O│X

142
할로겐화합물 및 불활성기체 소화약제 방출시 할론이나 이산화탄소와 같이 산소의 농도를 급격하게 저하시키지 않고 화재를 소화하는 동안 피연소물질에 물리적·화학적 변화나 재산상의 피해를 주지 않으며, 소화가 완료된 후 특별한 물질이나 지방성 부산물을 발생시키지 않는다.

143 소화약제는 대기 중에 잔존 시간이 길수록 좋다. O│X

143
소화약제는 대기 중에 잔존 시간이 짧을수록 좋다.

144 오존파괴지수(ODP)의 기준물질은 CFC-11이며, 지구온난화지수(GWP)의 기준물질은 CO_2이다. O│X

144
CFC-11(CCl_3F): 삼염화불화탄소

145 할로겐화합물 및 불활성기체 소화약제는 화재에 대하여 질식·냉각 소화 기능 및 억제소화 기능이 우수하다. O│X

정답
140 × 141 ○ 142 × 143 ×
144 ○ 145 ○

해설

146
불활성기체 소화약제는 화학적 소화성능이 없고, 분말 소화약제는 화학적 소화성능이 있다.

147
불활성기체 소화약제의 주된 소화효과는 **질식소화**이다.

148
사람이 있는 곳에서도 사용 가능하나 30초 이내에 도망가야 한다.

149
IG-541은 N_2 : 52%, Ar: 40%, CO_2 : 8%에 해당한다.

150
IG-01, IG-55, IG-100, IG-541 중 질소를 포함하지 않은 약제는 **IG-01**이다.

종류	화학식
IG-01	Ar
IG-100	N_2
IG-541	N_2 52[%] Ar 40[%] CO_2 8[%]
IG-55	N_2 50[%] Ar 50[%]

152
최소허용설계농도(LOAEL)란 농도를 감소시킬 때 악영향을 감지할 수 있는 최소농도를 말한다.

정답
146 ✕ 147 ✕ 148 ○ 149 ○
150 ✕ 151 ○ 152 ✕

---

146 〔기출〕 불활성기체 소화약제와 분말 소화약제는 화학적 소화성능을 가지고 있다. ○|✕

147 〔기출〕 불활성기체 소화약제의 주된 소화효과는 연쇄반응을 차단하는 부촉매 소화이다. ○|✕

148 〔기출〕 IG-541은 사람이 있는 곳에서도 사용할 수 있고, ODP가 0%이다. ○|✕

149 〔기출〕 IG-541은 N_2 : 52%, Ar: 40%, Ne : 8%에 해당한다. ○|✕

150 〔기출〕 IG-01, IG-55, IG-100, IG-541 중 질소를 포함하지 않은 약제는 IG-100이다. ○|✕

151 〔예상〕 할로겐화합물 및 불활성기체 소화약제는 사람이 상주하는 곳으로서 최대허용설계농도를 초과하는 장소, 제3류 및 제5류 위험물을 사용하는 장소에는 설치 제외된다. ○|✕

152 〔예상〕 최대허용설계농도(NOAEL)란 농도를 감소시킬 때 악영향을 감지할 수 있는 최소농도를 말한다. ○|✕

SILVITAIL

PART

VI

위험물

CHAPTER 01   위험물이론

CHAPTER 01 위험물이론

1 위험물의 정의

해설

001 위험물이라 함은 **인화성** 또는 발화성 등의 성질을 가지는 것으로서 **대통령령**이 정하는 물품을 말한다.

002 위험물이란 대통령령이 정하는 인화성·**발화성** 등의 물품을 말한다.

004 지정수량은 위험물의 종류별로 위험성을 고려하여 대통령령이 정하는 수량으로서 제조소등의 설치허가 등에 있어서 **최저**의 기준이 되는 수량이다.

---

001 [기출] 위험물이라 함은 가연성 또는 발화성 등의 성질을 가지는 것으로서 행정안전부령이 정하는 물품을 말한다. O|X

002 [기출] 위험물이란 대통령령이 정하는 인화성·연소성 등의 물품을 말한다. O|X

003 [기출] 위험물이란 인화성 또는 발화성 등의 위험성이 있는 물질로서 대통령령으로 정해놓은 것을 말한다. O|X

004 [기출] 지정수량은 위험물의 종류별로 위험성을 고려하여 대통령령이 정하는 수량으로서 제조소등의 설치허가 등에 있어서 최대의 기준이 되는 수량이다. O|X

정답
001 × 002 × 003 ○ 004 ×

2 위험물의 분류

005 [예상] 산화성고체라 함은 고체로서 산화력의 잠재적인 위험성 또는 충격에 대한 민감성을 판단하기 위하여 소방청장이 정하여 고시하는 시험에서 고시로 정하는 성질과 상태를 나타내는 것을 말한다. O|X

정답
005 ○

006 〔기출〕 가연성고체라 함은 고체로서 충격에 의한 발화의 위험성 또는 인화의 위험성을 판단하기 위하여 고시로 정하는 시험에서 고시로 정하는 성질과 상태를 나타내는 것을 말한다. ◯ ✕

006
가연성고체라 함은 고체로서 화염에 의한 발화의 위험성 또는 인화의 위험성을 판단하기 위하여 고시로 정하는 시험에서 고시로 정하는 성질과 상태를 나타내는 것을 말한다.

007 〔예상〕 자연발화성물질 및 금수성물질이라 함은 고체 또는 액체로서 공기 중에서 발화의 위험성이 있거나 물과 접촉하여 발화하거나 가연성가스를 발생하는 위험성이 있는 것을 말한다. ◯ ✕

008 〔예상〕 인화성액체라 함은 액체로서 인화의 위험성이 있는 것을 말한다. ◯ ✕

009 〔기출〕 자기반응성물질이라 함은 고체 또는 액체로서 폭발의 위험성 또는 폭발분해의 격렬함을 판단하기 위하여 고시로 정하는 시험에서 고시로 정하는 성질과 상태를 나타내는 것을 말한다. ◯ ✕

009
자기반응성물질이라 함은 고체 또는 액체로서 폭발의 위험성 또는 가열분해의 격렬함을 판단하기 위하여 고시로 정하는 시험에서 고시로 정하는 성질과 상태를 나타내는 것을 말한다.

010 〔예상〕 산화성액체라 함은 액체로서 산화력의 잠재적인 위험성을 판단하기 위하여 고시로 정하는 시험에서 고시로 정하는 성질과 상태를 나타내는 것을 말한다. ◯ ✕

011 〔기출〕 제1류 위험물 및 제6류 위험물의 공통적인 특징은 산화성이다. ◯ ✕

012 〔기출〕 제1류 위험물은 물질의 분해에 의해서 산소를 발생하는 산화성 액체이며 불연성이다. 산소를 함유하고 있으며 물보다 무겁다. ◯ ✕

012
제6류 위험물은 물질의 분해에 의해서 산소를 발생하는 산화성 액체이며 불연성이다. 산소를 함유하고 있으며 물보다 무겁다.

정답
006 ✕   007 ◯   008 ◯   009 ✕
010 ◯   011 ◯   012 ✕

해설

013
제1류 위험물은 산화성고체이며 물보다 무겁고 물에 잘 녹는다.

014
조해성이란 공기 중에 있는 수분을 흡수하여 스스로 녹는 현상을 말한다.

015
불연성 물질인 제1류 위험물은 대부분 무기화합물이며, 다른 가연물의 연소를 돕는 지연성 물질로서 산화제이다.

016
제1류 위험물 중 알칼리금속의 과산화물은 물과 반응하여 산소를 발생한다.

018
제4류 위험물은 인화성액체로 인화위험이 높고, 비교적 발화점이 낮으며 증기비중이 공기보다 무겁다.

---

013 [기출] 제1류 위험물은 산화성고체이며 물보다 가볍고 물에 잘 녹는다. O | X

014 [예상] 제1류 위험물은 조해성이 있으며, 수용액 상태에서도 산화성이 있다. O | X

015 [기출] 불연성 물질인 제1류 위험물은 대부분 무기화합물이며, 다른 가연물의 연소를 돕는 지연성 물질로서 환원제이다. O | X

016 [기출] 제1류 위험물 중 알칼리금속의 과산화물은 물과 반응하여 수소를 발생한다. O | X

017 [기출] 제1류 위험물은 가열·충격·마찰 등으로 분해되어 쉽게 산소를 발생하고 대부분 무색결정 또는 백색분말이다. O | X

018 [기출] 제1류 위험물은 인화성액체로 인화위험이 높고, 비교적 발화점이 낮으며 증기비중이 공기보다 무겁다. O | X

019 [기출] 제1류 위험물 중 염소산염류의 지정수량은 50kg이며, 가열·충격·강산성과의 혼합으로 폭발한다. O | X

정답
013 × 014 ○ 015 × 016 ×
017 ○ 018 × 019 ○

020 제1류 위험물은 자신은 불연성이나 산소를 방출하여 다른 가연물의 연소를 돕는 조연성 물질이다. ⊙|X

021 제1류 위험물 중 질산염류는 연소속도가 빨라 폭발적으로 연소한다. ⊙|X

021
제5류 위험물은 연소속도가 빨라 폭발적으로 연소한다.

022 아염소산나트륨은 불연성, 조해성, 수용성이며, 무색 또는 백색의 결정성 분말 형태이다. ⊙|X

023 과산화나트륨은 물과 반응하여 산소를 발생시킨다. ⊙|X

023
무기과산화물(알칼리금속의 과산화물)은 물과 급격한 발열반응을 하며 산소를 방출한다.

024 황린, 적린, 황은 「위험물안전관리법」상 위험물의 분류 중 가연성 고체에 해당한다. ⊙|X

024
적린, 황은 「위험물안전관리법」상 위험물의 분류 중 가연성 고체(제2류)에 해당한다.
→ 황린은 제3류 위험물(자연발화성 및 금수성 물질)이다.

025 황린은 공기 중 상온에 노출되면 액화되면서 자연발화를 일으킨다. ⊙|X

026 제2류 위험물은 산소를 함유하고 있지 않은 강력한 환원성 물질이며 대부분 금수성 물질로 물과 접촉시 가연성 가스를 발생한다. ⊙|X

026
제2류 위험물은 산소를 함유하고 있지 않은 강력한 환원성 물질이다.
→ 대부분 금수성 물질로 물과 접촉시 가연성 가스를 발생하는 것은 제3류 위험물 특징이다.

정답
020 ◯ 021 ✕ 022 ◯ 023 ◯
024 ✕ 025 ◯ 026 ✕

해설

027
철분, 금속분, 마그네슘에서 화재 발생시 주수소화하는 경우 **수소가스**가 발생하므로 물을 사용하면 안된다.

028
인화성고체는 위험물게시판에 '**화기엄금**'이라고 표기를 한다.

030
철분, 금속분에서 화재시 주수소화가 불가능하다.
→ 적린은 주수소화 한다.

031
황화인은 물과 접촉시 유독성가스인 **황화수소**를 발생하므로 건조사(마른모래, 팽창질석, 팽창진주암 등)에 의한 질식소화한다.

032
적린(P)과 황린(P_4)의 연소생성물은 오산화인(P_2O_5)으로 동소체이다.

033
~~삼황화인~~, 오황화인, 칠황화인은 조해성이 있다.
삼황화인은 조해성이 없다.

---

027 [기출] 철분, 금속분, 마그네슘에서 화재 발생시 주수소화하는 경우 포스겐가스가 발생하므로 물을 사용하면 안된다. O│X

028 [기출] 인화성고체는 위험물게시판에 '화기주의'라고 표기를 한다. O│X

029 [기출] 제2류 위험물은 저장용기를 밀폐하고 위험물의 누출을 방지하며 통풍이 잘되는 냉암소에 저장하며 금속분의 경우는 물 또는 산과의 접촉을 피한다. O│X

030 [기출] 철분, 적린, 금속분에서 화재시 주수소화가 불가능하다. O│X

031 [예상] 황화인은 물과 접촉시 유독성가스인 아황산가스를 발생하므로 건조사(마른모래, 팽창질석, 팽창진주암 등)에 의한 질식소화한다. O│X

032 [예상] 적린과 황린은 연소생성물이 같으므로 동소체이다. O│X

033 [예상] 삼황화인, 오황화인, 칠황화인은 조해성이 있다. O│X

정답
027 ×　028 ×　029 ○　030 ×
031 ×　032 ○　033 ×

034 제3류 위험물은 자연발화성 및 금수성 물질로 금수성물질은 물과 반응하여 가연성 가스를 발생하는 물질이다. O | X

035 제3류 위험물 중 금수성 물질은 물과 접촉시 가연성 가스가 발생하므로 초기에 건조사나 건조분말로 소화한다. O | X

036 제3류 위험물 중 황린은 가열, 충격, 마찰에 의해 분해되어 산소가 발생하므로 가연물과의 접촉을 피한다. O | X

037 황린은 미분상으로 존재할 경우 발화점은 34 °C이며, 백색 또는 담황색의 고체이다. O | X

038 모든 제3류 위험물은 물로 소화를 하면 안 된다. O | X

039 CO_2·할론 등 소화약제는 일반적으로 제3류 위험물은 적용되지 않는다. O | X

040 칼륨, 나트륨은 지정수량 10kg이며, 취급 시 석유류 속에 넣어 보관한다. O | X

041 황린은 연소할 때 오산화인(P_2O_5)의 백색 연기를 내며, 물에 대해 위험한 반응을 초래하는 물질이다. O | X

해설

036
제1류 위험물은 가열, 충격, 마찰에 의해 분해되어 산소가 발생하므로 가연물과의 접촉을 피한다.

037
· 황린 발화점
 미분상: 34°C
 고형상: 60°C

038
제3류 위험물 중 금수성 물질은 물로 소화를 하면 안 되고, 제3류 위험물 중 황린은 주수소화한다.

041
황린은 물과 반응하지 않으므로 물에 저장하여 보관한다.

정답
034 O   035 O   036 X   037 O
038 X   039 O   040 O   041 X

해설

042
탄화알루미늄과 물이 반응하는 경우 **메탄 가스**가 발생한다.

046
제3류 위험물 중 금수성물질은 물과 접촉 시 **가연성가스**가 발생한다.

048
제4류 위험물은 대부분 물보다 가볍고 물에 녹지 않는 것이 많고, 발생 증기는 가연성이며, 증기비중은 대부분 공기보다 **무겁다**.

---

042 [기출] 탄화알루미늄과 물이 반응하는 경우 아세틸렌 가스가 발생한다. ☐O ☐X

043 [기출] 트리에틸알루미늄은 물과 반응하는 경우 에테인이 발생한다. ☐O ☐X

044 [기출] 수소화알루미늄리튬은 물과 반응하는 경우 수소가 발생한다. ☐O ☐X

045 [예상] 인화칼슘, 인화알루미늄은 물과 반응하는 경우 포스핀이 발생한다. ☐O ☐X

046 [예상] 제3류 위험물 중 금수성물질은 물과 접촉 시 수소가스가 발생한다. ☐O ☐X

047 [기출] 칼륨, 나트륨 등은 자연발화성을 포함한다. ☐O ☐X

048 [기출] 제4류 위험물은 대부분 물보다 가볍고 물에 녹지 않는 것이 많고, 발생 증기는 가연성이며, 증기비중은 대부분 공기보다 가볍다. ☐O ☐X

정답
042 ✗   043 O   044 O   045 O
046 ✗   047 O   048 ✗

☐☐☐ 기출
049 제4류 위험물 중 사용량이 많은 휘발유, 경유 등은 연소하한계가 매우 낮아 인화하기 쉽다. O | X

☐☐☐ 기출
050 제4류 위험물은 일반적으로 도체 성질이 강하여 정전기가 축적되지 않는다. O | X

050
제4류 위험물은 일반적으로 **부도체** 성질이 강하여 정전기가 **축적된다**.

☐☐☐ 기출
051 제4류 위험물은 전기적으로 부도체이므로 정전기 축적이 용이하여 정전기가 점화원으로 작용할 수 있다. O | X

☐☐☐ 기출
052 제4류 위험물의 대부분 증기는 공기보다 무거워서 체류하기 쉽고(단, 시안화수소는 제외한다) 증기는 공기와 약간만 혼합되어도 연소의 우려가 있으며, 비교적 낮은 발화점을 가진다. O | X

☐☐☐ 기출
053 제4류 위험물은 모두 가연성의 고체(결정이나 분말) 및 액체로서 연소할 때는 많은 가스를 발생한다. O | X

053
제5류 위험물은 모두 가연성의 고체(결정이나 분말) 및 액체로서 연소할 때는 많은 가스를 발생한다.

☐☐☐ 기출
054 특수인화물이란 1기압에서 발화점이 50℃ 이하인 것을 말한다. O | X

054
특수인화물이란 1기압에서 발화점이 **100℃** 이하인 것을 말한다

☐☐☐ 기출
055 제4류 위험물 중 제1석유류는 인화점 및 연소하한계가 낮아 적은 양으로도 화재의 위험이 있다. O | X

정답
049 O 050 X 051 O 052 O
053 X 054 X 055 O

해설

056
제1석유류란 인화점이 섭씨 **21℃** 미만인 것을 말한다.

057
제3석유류란 1기압에서 **인화점**이 섭씨 70℃ 이상 200℃ 미만인 것을 말한다.

058
알코올류란 1분자를 구성하는 탄소원자의 수가 1개부터 **3개**까지인 포화1가 알코올을 말한다.

061
제2석유류는 등유, 경유 그 밖에 1기압에서 인화점이 섭씨 **21도** 이상 70도 미만인 것을 말한다. 다만, 도료류 그 밖의 물품에 있어서 가연성 액체량이 40 중량퍼센트 이하이면서 인화점이 섭씨 40도 이상인 동시에 연소점이 섭씨 60도 이상인 것은 제외한다.

062
실린더유는 제4류 위험물 중 제4석유류에 해당하며 인화점이 200℃ 이상 250℃ 미만인 것을 말한다. → 중유는 제3석유류에 해당하며 인화점이 70℃ 이상 200℃ 미만인 것을 말한다.

정답
056 × 057 × 058 × 059 ○
060 ○ 061 × 062 ×

---

056 [기출] 제1석유류란 인화점이 섭씨 20℃ 미만인 것을 말한다. O | X

057 [기출] 제3석유류란 1기압에서 발화점이 섭씨 70℃ 이상 200℃ 미만인 것을 말한다. O | X

058 [기출] 알코올류란 1분자를 구성하는 탄소원자의 수가 1개부터 4개까지인 포화1가 알코올을 말한다. O | X

059 [예상] 제4류 위험물인 특수인화물의 지정품목에는 디에틸에테르, 이황화탄소가 있으며 지정수량은 50L이다. O | X

060 [기출] 제4류 위험물 중 아세톤과 휘발유는 제1석유류에, 등유와 경유는 제2석유류에 해당한다. O | X

061 [기출] 제2석유류는 등유, 경유 그 밖에 1기압에서 인화점이 섭씨 20도 이상 70도 미만인 것을 말한다. 다만, 도료류 그 밖의 물품에 있어서 가연성 액체량이 40중량퍼센트 이하이면서 인화점이 섭씨 40도 이상인 동시에 연소점이 섭씨 60도 이상인 것은 제외한다. O | X

062 [기출] 중유, 실린더유는 제4류 위험물 중 제4석유류에 해당하며 인화점이 200℃ 이상 250℃ 미만인 것을 말한다. O | X

063 제4류 위험물은 분말소화약제, 분무상의 강화액, CO_2 소화기 등으로 질식소화가 가능하다. O│X

064 수용성 액체 화재의 발생 시에는 다량의 물로 희석소화를 한다. O│X

065 요오드 값이 작을수록 산화되기 쉽고 자연발화의 위험성이 커진다. O│X

065
요오드 값이 **클수록** 산화되기 쉽고 자연발화의 위험성이 커진다.

066 유기금속화합물, 질산에스터류 등은 물질 자체에 산소를 함유하고 있어 공기 중의 산소를 필요로 하지 않고 자기연소한다. O│X

066
질산에스터류(제5류 위험물) 등은 물질 자체에 산소를 함유하고 있어 공기 중의 산소를 필요로 하지 않고 자기연소한다.
→ 유기금속화합물은 제3류 위험물에 해당된다.

067 유기과산화물은 물질 자체에 산소가 함유되어 있어 외부로부터 산소 공급이 없어도 점화원만 있으면 연소·폭발이 가능하고, 가열, 충격, 타격, 마찰 등에 의해서 폭발할 위험성이 높으며 강산화제 또는 강산류와 접촉 시 연소·폭발 가능성이 현저히 증가한다. O│X

068 제5류 위험물은 충격, 마찰로 발화할 수 있다. O│X

069 제5류 위험물은 모두 가연성의 고체 및 액체로 연소 시 연소속도가 빠르다. O│X

정답
063 O 064 O 065 × 066 ×
067 O 068 O 069 O

해설

070
제5류 위험물은 대부분 유기화합물이며, 가열·충격·마찰에 민감하며 산소공급 없이 연소가능하다.

070 기출
제5류 위험물은 대부분 무기화합물이며, 가열·충격·마찰에 민감하며 산소공급 없이 연소가능하다. ◯ ✕

071 기출
제5류 위험물 화재시 초기에는 다량의 물로 냉각소화하는 것이 효과적이며, 화재가 확대되면 소화가 어려워 주변 연소를 방지하며 자연진화를 기다리는 방법도 있다. ◯ ✕

072 기출
제5류 위험물 화재시 항상 안전거리를 유지하고 접근 할 때에는 엄폐물을 이용한다. 또한 밀폐된 공간에서 화재 시 공기호흡기를 착용하여 질식되지 않도록 주의한다. ◯ ✕

073 예상
제5류 위험물은 불안정한 물질로서 공기 중 장기간 저장 시 분해하면서 분해열이 축적되어 자연발화의 위험이 있다. ◯ ✕

074 예상
유기질소화합물은 불안정하여 분해가 용이하고, 공기 중 장시간에 걸쳐 분해열이 축적되면 자연발화 하는 것도 있다. ◯ ✕

075
자기반응성 물질은 대부분 물에 잘 녹지 않으며 물과 반응하지 않는다.

075 예상
자기반응성 물질은 대부분 물에 잘 녹으며 물과 반응하지 않는다. ◯ ✕

076
제3류 위험물은 공기 중에 노출되거나 수분과 접촉하면 발화의 위험이 있다.

076 기출
제5류 위험물 중 유기과산화물은 공기 중에 노출되거나 수분과 접촉하면 발화의 위험이 있다. ◯ ✕

정답
070 ✕ 071 ◯ 072 ◯ 073 ◯
074 ◯ 075 ✕ 076 ✕

077 제5류 자기반응성 물질 중 지정수량이 가장 적은 것은 유기과산화물이다. O│X

078 제6류 위험물은 일반적으로 불연성물질로 산소공급원 역할을 하고 물과 접촉하는 경우 모두 심하게 발열한다. O│X

078 제6류 위험물은 일반적으로 불연성물질로 산소공급원 역할을 하고 물과 접촉하는 경우 과산화수소를 제외하고 심하게 발열한다.

079 제6류 위험물의 증기는 유독하고 부식성이 강하며 다른 물질의 연소를 돕는 조연성 물질이다. O│X

080 과산화수소는 물과 접촉하면 심하게 발열한다. O│X

080 제6류 위험물 중 과산화수소를 제외하고 물과 접촉하면 심하게 발열한다.

081 제6류 위험물은 모두 분해하여 유해성 가스를 발생하며 부식성이 강하고 강산성 물질이다. O│X

081 제6류 위험물은 과산화수소를 제외하고 분해하여 유해성 가스를 발생하며 부식성이 강하고 강산성 물질이다.

082 제6류 위험물(산화성 액체)은 물질의 액체 비중이 1보다 커서 물보다 무겁다. O│X

083 제6류 위험물은 산화성 액체로 불연성이지만 산화성이 커서 다른 물질의 연소를 돕는다. O│X

정답
077 O 078 × 079 O 080 ×
081 × 082 O 083 O

해설

084
제6류 위험물은 모두 무기화합물이며, 비중이 1보다 **크며** 물에 잘 녹는다.

085
제1류 위험물인 알칼리금속의 과산화물은 탄산수소염류의 분말소화기, 건조사(마른모래, 팽창질석, 팽창진주암 등)에 의한 **질식소화한다.**

086
제2류 위험물인 마그네슘은 건조사, ~~CO_2~~를 사용하여 질식소화한다.

090
황린을 제외한 제3류 위험물은 주수소화를 **할 수 없다.**

091
제5류 위험물은 모두 **주수소화한다.**

정답
084 × 085 × 086 × 087 ○
088 ○ 089 ○ 090 × 091 ×

---

084 〔예상〕 제6류 위험물은 모두 무기화합물이며, 비중이 1보다 작으며 물에 잘 녹는다. ○|×

085 〔기출〕 제1류 위험물인 알칼리금속의 과산화물은 물을 사용하여 소화한다. ○|×

086 〔기출〕 제2류 위험물인 마그네슘은 건조사, CO_2를 사용하여 질식소화한다. ○|×

087 〔기출〕 제3류 위험물인 알킬알루미늄과 탄화알루미늄은 건조사를 이용한 질식소화한다. ○|×

088 〔기출〕 제4류 위험물인 알코올은 내알코올포(泡, foam)를 사용한다. ○|×

089 〔기출〕 제1류 위험물인 무기과산화물을 제외한 것은 주수소화를 할 수 있다. ○|×

090 〔기출〕 황린을 제외한 제3류 위험물은 주수소화를 하여야 한다. ○|×

091 〔기출〕 제5류 위험물은 모두 주수소화를 금지하도록 한다. ○|×

092 나트륨, 마그네슘은 할론 소화약제, 이산화탄소 소화약제로 소화한다. O | X

해설
092 나트륨, 마그네슘은 건조사, 금속전용 약제로 질식소화한다.

093 과산화나트륨, 트리에틸알루미늄, 휘발유, 나이트로셀룰로오스, 황화인, 질산에스터류, 유기금속화합물, 알칼리금속의 과산화물은 모두 주수소화시 적응성이 있다. O | X

093 ~~과산화나트륨, 트리에틸알루미늄, 휘발유~~, 나이트로셀룰로오스, ~~황화안~~, 질산에스터류, ~~유기금속화합물, 알칼리금속의 과산화물~~은 주수소화시 적응성이 있다.

094 탄화칼슘 화재 시 다량의 물로 냉각소화할 수 있다. O | X

094 탄화칼슘 화재 시 다량의 물로 냉각소화할 수 없다.

095 알킬알루미늄은 마른모래, 팽창질석, 팽창진주암으로 소화한다. O | X

096 적린은 다량의 물로 냉각소화하며, 소량의 적린인 경우에도 마른모래나 이산화탄소 소화약제는 일시적인 효과가 없다. O | X

096 적린은 다량의 물로 냉각소화하며, 소량의 적린인 경우에도 마른모래나 이산화탄소 소화약제는 일시적인 효과가 있다.

097 제1류 중 무기과산화물, 제2류 중 철분·금속분·마그네슘, 제3류 중 금수성, 제6류 위험물은 탄산수소염류 분말소화기로 소화할 수 있다. O | X

097 제1류 중 무기과산화물, 제2류 중 철분·금속분·마그네슘, 제3류 중 금수성, 제6류 위험물은 탄산수소염류 분말소화기로 소화할 수 있다.
→ 제6류 위험물은 인산염류 분말소화기로 소화한다.

098 칼륨, 나트륨은 등유 속에 보관한다. O | X

099 이황화탄소와 황린은 물 속에 보관한다. O | X

정답
092 X   093 X   094 X   095 O
096 X   097 X   098 O   099 O

해설

100
아세트알데하이드, 산화프로필렌은 은, 수은, 구리, 마그네슘과 접촉하여서는 아니된다.

103
• 위험물의 혼재 가능
① 제1류 위험물+제6류 위험물
② 제2류 위험물+제4류 위험물
③ 제2류 위험물+제5류 위험물
④ 제3류 위험물+제4류 위험물
⑤ 제4류 위험물+제5류 위험물

104
제2류 위험물은 제3류, 제4류, 제5류 위험물과 혼재가 가능하다.

105
제4류 위험물은 제2류, 제3류, 제5류, 제6류와 혼재가 가능하다.

---

100 〔기출〕 아세트알데하이드, 산화프로필렌은 수은이나 구리의 용기에 저장한다. O│X

101 〔기출〕 아세틸렌은 다공성 물질에 아세톤, 디메틸프로마미드를 넣고 여기에 아세틸렌을 용해시켜 저장한다. O│X

102 〔예상〕 알킬리튬, 알킬알루미늄은 벤젠이나 헥산의 희석제를 사용한다. O│X

103 〔예상〕 제1류 위험물은 제6류 위험물과 혼재가 가능하다. O│X

104 〔예상〕 제2류 위험물은 제3류, 제4류, 제5류 위험물과 혼재가 가능하다. O│X

105 〔예상〕 제4류 위험물은 제2류, 제3류, 제5류, 제6류와 혼재가 가능하다. O│X

〔정답〕
100 × 101 ○ 102 ○ 103 ○
104 × 105 ×

SILVITAIL

PART VII

소방시설

CHAPTER 01	소방시설
CHAPTER 02	소화설비
CHAPTER 03	경보설비
CHAPTER 04	피난구조설비
CHAPTER 05	소화용수설비
CHAPTER 06	소화활동설비

CHAPTER 01

소방시설

LINK 220p

1 소방시설의 분류

LINK 220p

해설

001 소화설비란 물 또는 그 밖의 소화약제를 사용하여 소화하는 기계·기구 또는 설비로서 소화기구, 자동소화장치, 옥내·외소화전설비, 스프링클러설비, 물분무등소화설비 등이 있다. O|X

002 경보설비란 화재발생 사실을 통보하는 기계·기구 또는 설비로서 단독경보형감지기, 비상경보설비, 자동화재탐지설비 등이 있다. O|X

003 피난구조설비란 화재가 발생할 경우 피난하기 위하여 사용하는 기구 또는 설비로서 피난기구, 인명구조기구, 유도등, 비상조명등 및 휴대용비상조명등이 있다. O|X

004 소화용수설비란 화재진압에 필요한 물을 공급하거나 저장하는 설비로서 상수도소화용수설비, 소화수조, 저수조 등이 있다. O|X

005 소화활동설비란 화재를 진압하거나 인명구조활동을 위하여 사용하는 설비로서 비상방송설비, 자동화재속보설비, 피난사다리, 완강기 등이 있다.
→ 비상방송설비, 자동화재속보설비: 경보설비
→ 피난사다리, 완강기: 피난구조설비

005 소화활동설비란 화재를 진압하거나 인명구조활동을 위하여 사용하는 설비로서 비상방송설비, 자동화재속보설비, 피난사다리, 완강기 등이 있다. O|X

정답
001 O 002 O 003 O 004 O
005 ×

006 화재를 진압하거나 인명구조를 위하여 사용하는 설비는 제연설비, 인명구조설비, 연결살수설비, 무선통신보조설비 등이 있다. O | X

해설

006 화재를 진압하거나 인명구조를 위하여 사용하는 설비는 제연설비, ~~인명구조설비~~, 연결살수설비, 무선통신보조설비 등이 있다.
→ 인명구조설비는 피난구조설비에 해당한다.

007 소화설비 - 옥내소화전설비, 포소화설비, 간이스프링클러설비, 자동소화장치 O | X

008 경보설비 - 자동화재속보설비, 자동화재탐지설비, 제연설비 O | X

008 경보설비 - 자동화재속보설비, 자동화재탐지설비, ~~제연설비~~
→ 제연설비는 소화활동설비에 해당한다.

009 소화용수설비 - 상수도소화용수설비, 소화수조, 정화조, 연결살수설비 O | X

009 소화용수설비 - 상수도소화용수설비, 소화수조, ~~정화조~~, ~~연결살수설비~~
→ 정화조는 소방시설이 아니며, 연결살수설비는 소화활동설비에 해당한다.

010 피난구조설비 - 피난사다리, 구조대, 완강기, 방화복, 공기호흡기 O | X

011 소화활동설비 - 시각경보기, 연결송수관설비, 무선통신보조설비, 비상콘센트설비 O | X

011 소화활동설비 - ~~시각경보기~~, 연결송수관설비, 무선통신보조설비, 비상콘센트설비
→ 시각경보기는 경보설비에 해당한다.

정답
006 × 007 ○ 008 × 009 ×
010 ○ 011 ×

소화설비

1 소화기구

해설

012
소화기 설치시 소화기를 지정구역 내에 비치해두고 ~~사람들의 통행에 방해되는 곳에는 설치하면 안 된다.~~

015
소화기를 지하구에 설치하는 경우에는 사람이 출입할 수 있는 출입구 부근에 5개 이상 설치해야한다.

□□□ 기출
012 소화기 설치시 소화기를 지정구역 내에 비치해두고 사람들의 통행에 방해되는 곳에는 설치하면 안 된다. O│X

□□□ 기출
013 소화기를 각각의 보행거리마다 중요 위치에 분산시켜 관리해야하며 바닥 높이로부터 1.5m 이하에 지정하여 설치한다. O│X

□□□ 기출
014 각 층마다 설치하되 특정소방대상물의 각 부분으로부터 1개의 소화기까지 보행거리가 소형 소화기의 경우 20m 이내, 대형소화기의 경우에는 30m 이내가 되도록 배치한다. O│X

□□□ 기출
015 소화기를 지하구에 설치하는 경우에는 사람의 접근이 어려운 장소에 한하여 설치할 수 있다. O│X

□□□ 예상
016 지하구 소화기 설치기준 상 소화기의 능력단위는 A급 화재는 개당 3단위 이상, B급 화재는 개당 5단위 이상 및 C급 화재에 적응성이 있는 것으로 한다. O│X

□□□ 기출
017 소화기를 사용할 때는 바람을 등지고 서서 호스를 불쪽으로 향하게 한다. O│X

정답
012 × 013 ○ 014 ○ 015 ×
016 ○ 017 ○

018 소형소화기는 능력단위가 1단위 이상이고 대형소화기의 능력단위 미만인 소화기를 말하며 대형소화기는 화재 시 사람이 운반할 수 있도록 운반대와 바퀴가 설치되어 있고 능력단위가 A급 20단위 이상, B급 30단위 이상인 소화기를 말한다. O | X

018 소형소화기는 능력단위가 1단위 이상이고 대형소화기의 능력단위 미만인 소화기를 말하며 대형소화기는 화재 시 사람이 운반할 수 있도록 운반대와 바퀴가 설치되어 있고 능력단위가 A급 10단위 이상, B급 20단위 이상인 소화기를 말한다.

019 K급 화재용 소화기는 B급 화재용 소화기의 소화성능시험으로 대체하며, K급 화재에 대한 능력단위는 지정하지 아니한다. O | X

019 K급 화재용 소화기는 K급 화재용 소화기의 소화성능시험에 적합하여야 하며, K급 화재에 대한 능력단위는 지정하지 아니한다.

020 소화기를 특정소방대상물의 각 층이 2이상의 거실로 구획된 경우에는 각 층마다 설치하는 것 외에 바닥면적이 33m² 이상으로 구획된 각 거실에도 배치한다. O | X

021 대형소화기 약제 충전량
① 물 소화기: 50L   O | X
② 강화액 소화기: 50L   O | X
③ 분말 소화기: 10kg   O | X
④ 이산화탄소 소화기: 50kg   O | X
⑤ 포소화기: 20L   O | X

021
① 물 소화기: 80L
② 강화액 소화기: 60L
③ 분말 소화기: 20kg

022 가압식 소화기란 본체용기 중에 소화약제와 함께 소화약제의 방출원이 되는 압축가스(질소 등)를 봉입한 방식의 소화기로 압력계가 부착되어 있다. O | X

022 축압식 소화기란 본체용기 중에 소화약제와 함께 소화약제의 방출원이 되는 압축가스(질소 등)를 봉입한 방식의 소화기로 압력계가 부착되어 있다.

023 이산화탄소 소화약제가 저장되어있는 축압식 소화기의 경우에는 압력계를 설치하지 않아도 된다. O | X

023 축압식 소화기(이산화탄소 및 할론 1301 소화약제를 충전한 소화기와 한번 사용한 후에는 다시 사용할 수 없는 형의 소화기는 제외한다)는 지시압력계를 설치하여야 한다.

정답
018 × 019 × 020 ○
021 ① × ② × ③ × ④ ○ ⑤ ○
022 × 023 ○

해설

024
할로겐화합물 소화기, ~~기계포 소화기~~를 사용하는 경우 화학적인 작용을 이용하여 효과적으로 소화할 수 있다.
→ 기계포 소화기는 화학적 소화효과가 없다.

025

구분	사용온도
강화액소화기	$-20°C \sim 40°C$
분말소화기	
포소화기	$5°C \sim 40°C$
기타 소화기	$0°C \sim 40°C$

027
이산화탄소 또는 할로겐화합물을 방사하는 소화기구(자동확산소화기를 제외한다)는 지하층이나 무창층 또는 밀폐된 거실로서 그 바닥면적이 $20m^2$ 미만의 장소에는 설치할 수 없다.

029
능력단위가 2단위 이상이 되도록 소화기를 설치하여야 할 특정소방대상물에는 간이소화용구의 능력단위가 전체 능력단위의 2분의 1을 초과하지 않도록 한다.

---

024 〔기출〕 할로겐화합물 소화기, 기계포 소화기를 사용하는 경우 화학적인 작용을 이용하여 효과적으로 소화할 수 있다. ○ ✕

025 〔기출〕 강화액 소화기와 포소화기의 각각 저장온도 및 사용온도는 −40~40℃, 0~50℃이다. ○ ✕

026 〔예상〕 강화액 소화기는 물에 탄산염류와 같은 알칼리금속염류 등을 첨가한 액체에 압축공기 또는 질소가스를 축압하여 만든다. ○ ✕

027 〔예상〕 이산화탄소 소화기는 좁고 밀폐된 장소에서 사용시 일반화재에 적응성이 있다. ○ ✕

028 〔기출〕 간이소화용구는 소화기 및 자동확산소화기 외 간이소화용으로 사용하는 것을 말한다. ○ ✕

029 〔기출〕 능력단위가 2단위 이상이 되도록 소화기를 설치하여야 할 특정소방대상물에는 간이소화용구의 능력단위가 전체 능력단위의 3분의 1을 초과하지 않도록 한다. ○ ✕

030 〔기출〕 자동확산소화기는 화재 시 화염이나 열에 따라 소화약제가 확산하여 국소적으로 소화하는 장치를 말한다. ○ ✕

정답
024 ✕ 025 ✕ 026 ○ 027 ✕
028 ○ 029 ✕ 030 ○

031 산·알칼리 소화기는 가스계 소화기로 분류된다. O|X

031
산·알칼리 소화기는 수계 소화기로 분류된다.

032 판매시설에서 소화기구의 능력단위는 바닥면적 100제곱미터마다 1단위 이상이다. O|X

032
바닥면적 100m² 기준
근린생활시설, 판매시설, 운수시설, 숙박시설, 노유자시설, 전시장, 공동주택, 업무시설, 방송통신시설, 공장, 창고시설, 항공기 및 자동차 관련 시설, 관광 휴게시설

033 위락시설에서 소화기구의 능력단위는 바닥면적 50제곱미터마다 1단위 이상이다. O|X

033
위락시설에서 소화기구의 능력단위는 바닥면적 30제곱미터마다 1단위 이상이다.

034 소화기구의 능력단위를 산출함에 있어서 건축물의 주요구조부가 내화구조 또는 방화구조이고, 벽 및 반자의 실내에 면하는 부분이 불연재료·준불연재료 또는 난연재료로 된 특정소방대상물에 있어서는 바닥면적의 2배를 해당 특정소방대상물의 기준면적으로 한다. O|X

034
소화기구의 능력단위를 산출함에 있어서 건축물의 주요구조부가 내화구조 또는 방화구조이고, 벽 및 반자의 실내에 면하는 부분이 불연재료·준불연재료 또는 난연재료로 된 특정소방대상물에 있어서는 바닥면적의 2배를 해당 특정소방대상물의 기준면적으로 한다.

035 옥내소화전설비란 소화설비 중 건축물 내에 설치되는 고정식, 수동식 수계소화설비를 말한다. O|X

정답
031 × 032 ○ 033 × 034 ×
035 ○

3 옥내소화전설비

해설

036 옥내소화전은 관계인이 사용하는 초기소화설비이다.

037 옥내소화전의 방수량은 130L/min 이상이다.

040 옥내소화전 설치 시 건축물의 높이가 지표면으로부터 10m 이하인 경우는 옥상수조를 설치하지 않아도 된다.

041 옥내소화전 수조의 외측에 수위계를 설치하여야 하며, 수조의 상단이 바닥보다 높은 때에는 수조의 외측에 고정식 사다리를 설치한다.

---

036 [기출] 옥내소화전은 특정 소방대원이 사용하는 본격소화설비이다. O│X

037 [기출] 옥내소화전의 방수량은 260L/min 이상이다. O│X

038 [기출] 옥내소화전의 구성요소는 수원, 펌프, 가압송수장치 등으로 구성된다. O│X

039 [기출] 수원은 고가수조, 압력수조, 가압수조, 지하수조가 있으며 타 소화설비와 수원이 겸용인 경우는 각각의 소화설비의 유효수량을 가산한 양 이상으로 한다. O│X

040 [예상] 옥내소화전 설치 시 건축물의 높이가 지표면으로부터 20m 이하인 경우는 옥상수조를 설치하지 않아도 된다. O│X

041 [예상] 옥내소화전 수조의 외측에 수위계를 설치하여야 하며, 수조의 상단이 바닥보다 높은 때에는 수조의 외측에 이동식 사다리를 설치한다. O│X

042 [예상] 옥내소화전은 유효수량 외 유효수량의 1/3 이상을 옥상수조에 설치하여야 한다. O│X

정답
036 × 037 × 038 O 039 O
040 × 041 × 042 O

043 옥내소화전이 1층에 3개, 2층에 4개, 3층에 6개 있는 경우 저수량은 5.2㎥이며, 옥상수조의 최소수원의 양은 1.73㎥이다. O│X

해설

043
- 옥내소화전설비 수원의 양
130[L/min]×당해 층 옥내소화전 설치개수(최대 2개)×20분

044 옥내소화전 설치시 지하층만 있는 건물은 옥상수조를 설치하지 않아도 된다. O│X

045 옥내소화전설비의 수원을 수조로 설치하는 경우에는 소방설비의 전용수조로 하여야 한다. 다만, 고가수조로부터 옥내소화전설비의 수직배관에 물을 공급하는 급수구를 다른 설비의 급수구보다 높은 위치에 설치한 때는 그러하지 아니하다. O│X

045
옥내소화전설비의 수원을 수조로 설치하는 경우에는 소방설비의 전용수조로 하여야 한다. 다만, 고가수조로부터 옥내소화전설비의 수직배관에 물을 공급하는 급수구를 다른 설비의 급수구보다 낮은 위치에 설치한 때는 그러하지 아니하다.

046 옥내소화전 노즐의 방수압력은 0.7MPa 이상이어야 한다. O│X

046
옥내소화전 노즐의 방수압력은 0.17MPa 이상 0.7MPa 이하이어야 한다.

047 옥내소화전에서 가장 많이 사용하는 수조의 저장방식은 펌프방식이다. O│X

048 특정소방대상물의 각 부분으로부터 하나의 방수구까지의 수평거리는 25[m](호스릴옥내소화전설비를 포함) 이하이다. O│X

049 노즐 방사압이 4배가 되었고 관창의 구경을 2배로 늘렸을 때 방수량은 4배 증가한다. O│X

049
노즐 방사압이 4배가 되었고 관창의 구경을 2배로 늘렸을 때 방수량은 8배 증가한다.
→ $Q \propto D^2 \times \sqrt{P}$

정답
043 O 044 O 045 × 046 ×
047 O 048 O 049 ×

해설

050
자동기동방식의 펌프가 수원의 수위보다 높은 곳에 설치된 옥내소화전설비의 구성요소에는 기동용수압개폐장치, 릴리프밸브, 동력제어반, 솔레노어드밸브, 물올림장치 등이 있다.

051
풋밸브는 수원이 펌프의 임펠러 위치보다 낮은 경우에 설치되는 것으로 체크밸브기능과 여과기능이 있다.

052
기동용 수압개폐장치의 압력챔버를 사용할 경우 용적은 100L 이상의 것으로 한다.

054
순환배관은 펌프의 토출측 체크밸브 이전에서 분기시켜 20[mm]이상의 배관에 체절압력 미만에서 개방되는 릴리프밸브를 설치하여야 한다.

---

050 〔기출〕 자동기동방식의 펌프가 수원의 수위보다 높은 곳에 설치된 옥내소화전설비의 구성요소에는 기동용수압개폐장치, 릴리프밸브, 동력제어반, 솔레노이드밸브, 물올림장치 등이 있다. ○│X

051 〔예상〕 풋밸브는 수원이 펌프의 임펠러 위치보다 높은 경우에 설치되는 것으로 체크밸브기능과 여과기능이 있다. ○│X

052 〔기출〕 기동용 수압개폐장치의 압력챔버를 사용할 경우 용적은 100L 미만의 것으로 한다. ○│X

053 〔기출〕 가압송수장치인 소방펌프의 체절운전으로 인한 수온상승과 고압으로 배관이 파손되는 경우를 방지하기 위하여 순환배관 및 릴리프밸브를 설치한다. ○│X

054 〔예상〕 순환배관은 펌프의 토출측 체크밸브 이전에서 분기시켜 15[mm]이상의 배관에 체절압력 미만에서 개방되는 릴리프밸브를 설치하여야 한다. ○│X

055 〔예상〕 물올림장치는 풋밸브에서 펌프 임펠러까지 항상 물을 충전시켜 펌프가 작동하면 물이 흡입될 수 있도록 대비시켜 주는 것으로 물올림장치에는 전용의 탱크를 설치해야하며 탱크의 유효수량은 100[L] 이상으로 하되, 구경 15[mm] 이상의 급수배관에 따라 해당 탱크에 물이 계속 보급되도록 한다. ○│X

정답
050 × 051 × 052 × 053 ○
054 × 055 ○

056 배관내에 흐르는 물의 찌꺼기 등 이물질을 여과하기 위해 스트레이너 배관을 설치한다. ☐ O ☐ X

057 압력계는 대기압 이상의 압력과 대기압 이하의 압력을 측정하는 계측기를 말한다. 진공압과 양압을 모두 측정할 수 있으며 일반적으로 물의 흡입상태를 확인하기 위해 펌프의 흡입측 배관에 설치한다. ☐ O ☐ X

057 연성계는 대기압 이상의 압력과 대기압 이하의 압력을 측정하는 계측기를 말한다. 진공압과 양압을 모두 측정할 수 있으며 일반적으로 물의 흡입상태를 확인하기 위해 펌프의 흡입측 배관에 설치한다.

058 가압송수장치에는 정격부하 운전 시 펌프의 성능을 시험하기 위한 펌프 성능시험배관을 설치해야 하며 충압펌프에도 성능시험배관이 필요하다. ☐ O ☐ X

058 가압송수장치에는 정격부하 운전 시 펌프의 성능을 시험하기 위한 펌프 성능시험배관을 설치해야 하며 충압펌프는 성능시험배관이 필요하지 않다.

059 연성계란 대기압 이상의 압력과 대기압 이하의 압력을 측정할 수 있는 계측기를 말한다. ☐ O ☐ X

060 펌프의 토출측에는 압력계를, 흡입측에는 연성계 또는 진공계를 설치한다. ☐ O ☐ X

061 펌프의 성능은 체절운전 시 정격토출압력의 150%를 초과하지 아니하고, 정격토출량의 140%로 운전 시 정격토출압력의 65% 이상이 되어야 한다. ☐ O ☐ X

061 펌프의 성능은 체절운전 시 정격토출압력의 140%를 초과하지 아니하고, 정격토출량의 150%로 운전 시 정격토출압력의 65% 이상이 되어야 한다.

062 유량측정장치는 성능시험배관의 직관부에 설치하되, 펌프의 정격토출량의 175% 이상 측정할 수 있는 성능이 있어야 하고, 정확한 유량을 측정하기 위해 수류는 난류이어야 한다. ☐ O ☐ X

062 유량측정장치는 성능시험배관의 직관부에 설치하되, 펌프의 정격토출량의 175% 이상 측정할 수 있는 성능이 있어야 하고, 정확한 유량을 측정하기 위해 수류는 층류이어야 한다.

정답
056 O 057 X 058 X 059 O
060 O 061 X 062 X

해설

063 성능시험배관은 펌프의 토출측에 설치된 개폐밸브 이전에서 분기하여 설치하고, 유량측정장치를 기준으로 전단 직관부에 개폐밸브, 후단 직관부에는 유량조절밸브를 설치한다. O | X

정답
063 O

4 스프링클러설비
LINK 236~250p

해설

064 스프링클러설비란 초기소화에 절대적인 효과를 가지고 있으며 조작이 간편하고 안전하여 야간이라도 자동적으로 화재를 감지·경보·소화할 수 있는 설비로 천장이나 벽에 설치하며 화재 열기에 의해 작동하여 물을 분사시키는 소화설비이다. O | X

065 스프링클러설비의 방수압력은 0.1[MPa] 이상 1.2[MPa] 이하이고, 방수량은 80[L/min] 이상이다. O | X

066 지하층을 제외한 층수가 11층 이상인 특정소방대상물·지하가 또는 지하역사에 설치되는 스프링클러설비의 수원의 양을 구할 때 헤드 기준개수를 30으로 한다. O | X

067 스프링클러설비의 헤드를 하향식으로 하는 경우에는 **상방** 살수 목적을 가지고 있다.

067 스프링클러설비의 헤드를 하향식으로 하는 경우에는 하방 살수 목적을 가지고 있다. O | X

068

장소	수평거리
무대부·특수가연물 저장 또는 취급하는 장소	1.7[m] 이하
기타구조	2.1[m] 이하
내화구조	2.3[m] 이하

068 비내화구조에 설치하는 스프링클러설비의 수평거리는 2.1[m]이하이다. O | X

정답
064 O 065 O 066 O 067 ×
068 O

069 현관 또는 로비 등으로서 바닥으로부터 높이가 20m 이상인 장소, 천장·반자 중 한쪽이 불연재료로 되어 있고 천장과 반자사이의 거리가 2m 미만인 부분에는 스프링클러 헤드를 설치하지 아니할 수 있다. O│X

069 현관 또는 로비 등으로서 바닥으로부터 높이가 20m 이상인 장소, 천장·반자 중 한쪽이 불연재료로 되어 있고 천장과 반자사이의 거리가 **1m** 미만인 부분에는 스프링클러 헤드를 설치하지 아니할 수 있다.

070 스프링클러설비를 구성하는 배관 중 가지배관은 헤드가 설치된 가장 가느다란 배관이며, 교차배관에서 분기되는 지점을 기점으로 한쪽 가지배관에 설치되는 헤드의 개수는 8개 이하로 해야 한다. O│X

071 이산화탄소소화설비, 할론소화설비, 스프링클러설비 등은 모두 토너먼트 방식으로 해서는 아니된다. O│X

071 ~~이산화탄소소화설비, 할론소화설비, 스프링클러설비 등은 모두 토너먼트 방식으로 해서는 아니된다.~~
→ 이산화탄소소화설비, 할론소화설비, 할로겐화합물 및 불활성기체소화설비, 분말소화설비, 압축공기포 소화설비는 **토너먼트 방식으로 한다.**

072 습식 스프링클러설비 또는 부압식 스프링클러설비에는 헤드를 향하여 상향으로 수평주행배관의 기울기를 1/250 이상, 가지배관의 기울기를 1/500 이상으로 한다. O│X

072 습식 스프링클러설비 또는 부압식 스프링클러설비 **외의 스프링클러설비는** 헤드를 향하여 상향으로 수평주행배관의 기울기를 **1/500** 이상, 가지배관의 기울기를 **1/250** 이상으로 한다.

073 하나의 방호구역의 바닥면적은 3,000제곱미터를 초과하지 아니한다. O│X

074 스프링클러설비 종류에는 습식 스프링클러, 건식 스프링클러, 부압식 스프링클러, 일제작동식 스프링클러가 있다. O│X

074 스프링클러설비 종류에는 습식 스프링클러, 건식 스프링클러, 부압식 스프링클러, **준비작동식 스프링클러,** 일제살수식 스프링클러가 있다.

정답
069 ✕ 070 ○ 071 ✕ 072 ✕
073 ○ 074 ✕

해설

075
습식, 건식, 일제살수식, 준비작동식 스프링클러설비는 모두 폐쇄형 헤드를 사용한다.
→ 일제살수식 스프링클러설비는 개방형 헤드를 사용한다.

078
습식 유수검지장치, 건식 유수검지장치, **부압식** 유수검지장치에는 시험장치를 설치하여야 한다.

081
습식 스프링클러설비는 가압송수장치부터 폐쇄형 스프링클러헤드까지 배관 내에 물이 가압되어 있다. 화재 시 열로서 폐쇄형 스프링클러헤드를 개방하여 배관 내에서 유수한다.

정답
075 × 076 ○ 077 ○ 078 ×
079 ○ 080 ○ 081 ×

---

075 [기출] 습식, 건식, 일제살수식, 준비작동식 스프링클러설비는 모두 폐쇄형 헤드를 사용한다. O|X

076 [기출] 무대부 또는 연소할 우려가 있는 개구부에 있어서는 개방형 스프링클러헤드를 설치한다. O|X

077 [예상] 유수검지장치란 습식 유수검지장치, 건식 유수검지장치, 준비작동식 유수검지장치를 말하며 본체 내의 유수현상을 자동적으로 검지하여 신호 또는 경보를 발하는 장치를 말한다. O|X

078 [기출] 습식 유수검지장치, 건식 유수검지장치, 준비작동식 유수검지장치에는 시험장치를 설치하여야 한다. O|X

079 [기출] 습식 스프링클러설비는 1차측 및 2차측이 모두 가압수로 되어있으며, 건식 스프링클러설비는 한랭지역에서 사용한다. O|X

080 [예상] 건식 스프링클러설비에는 2차측의 압축공기를 빠르게 배출시키기 위해 엑셀레이터 또는 익져스터를 설치한다. O|X

081 [기출] 준비작동식 스프링클러설비는 가압송수장치부터 폐쇄형 스프링클러헤드까지 배관 내에 물이 가압되어 있다. 화재 시 열로서 폐쇄형 스프링클러헤드를 개방하여 배관 내에서 유수한다. O|X

082 준비작동식 스프링클러설비는 가압송수장치에서 클래퍼를 중심으로 1차측까지 배관 내에 항상 물이 가압되어 있고 2차측에서 스프링클러헤드까지 대기압 또는 저압으로 있다가 화재발생 시 감지기의 작동으로 폐쇄형 스프링클러헤드까지 소화용수가 송수되어 폐쇄형 스프링클러헤드가 열에 따라 개방되어 작동하는 스프링클러설비이다. O | X

083 일제살수식 스프링클러설비는 주로 난방이 되지 않는 장소에 설치하는 스프링클러설비로서 유수검지장치 1차측까지 배관 내에 항상 물이 가압되어 있고, 2차측에서 스프링클러 헤드까지에는 대기압 상태로 폐쇄형 헤드가 설치되어 있다. O | X

083 **준비작동식** 스프링클러설비는 주로 난방이 되지 않는 장소에 설치하는 스프링클러설비로서 유수검지장치 1차측까지 배관 내에 항상 물이 가압되어 있고, 2차측에서 스프링클러 헤드까지에는 대기압 상태로 폐쇄형 헤드가 설치되어 있다.

084 준비작동식, 일제살수식, 부압식 스프링클러설비는 감지기와 연동하여 작동한다. O | X

085 준비작동식 스프링클러설비는 오작동을 줄이기 위해 교차회로방식의 화재감지기를 설치한다. O | X

086 일반적으로 습식 스프링클러설비 및 부압식 스프링클러설비 외의 설비에는 상향식 헤드를 설치하여야 한다. 다만, 드라이펜던트 스프링클러헤드를 사용하는 경우, 개방형 스프링클러헤드를 사용하는 경우, 건식 스프링클러헤드를 사용하는 경우에는 하향식 헤드 설치가 가능하다. O | X

086 일반적으로 습식 스프링클러설비 및 부압식 스프링클러설비 외의 설비에는 상향식 헤드를 설치하여야 한다. 다만, 드라이펜던트 스프링클러헤드를 사용하는 경우, 개방형 스프링클러헤드를 사용하는 경우, ~~건식 스프링클러헤드를 사용하는 경우~~, **스프링클러헤드의 설치장소가 동파의 우려가 없는 곳인 경우**는 하향식 헤드 설치가 가능하다.

087 스프링클러설비는 초기 설치비용은 크지만 소화 후 수손피해가 적다. O | X

087 스프링클러설비는 초기 설치비용은 크지만 소화 후 수손피해가 **크다.**

정답
082 O　083 X　084 O　085 O
086 X　087 X

해설

088 준비작동식은 동결우려가 없어서 대형건물, 차고 주차장 등에도 적합하다. O|X

089 일제살수식은 델류즈밸브를 열면 작동하며 일제히 소화되며 초기화재 소화에 적합하다. O|X

090 건식은 동결우려가 있는 곳에 설치하며, 1차측은 가압수, 2차측은 대기압이 차 있다. O|X

090 건식은 동결우려가 있는 곳에 설치하며, 1차측은 가압수, 2차측은 **압축공기**가 차 있다.

091 리타딩챔버는 역류를 방지하기 위해 설치한다. O|X

091 리타딩챔버는 **오작동 방지**를 위해 설치한다.

092 스프링클러설비와 옥내소화전 소화설비는 물로 소화하는 것으로 모든 화재에 합리적이다. O|X

092 스프링클러설비와 옥내소화전 소화설비는 물로 소화하는 것으로 ~~모든 화재~~에 합리적이다.

093 스프링클러설비와 옥내소화전 소화설비는 모두 자동으로 초기소화에 사용된다. O|X

093 스프링클러설비는 자동으로 초기소화에 사용되고, **옥내소화전설비는 수동**으로 초기소화에 사용된다.

094 습식의 경우 슈퍼비조리판넬(Supervisory Panel)이 설치된다. O|X

094 **준비작동식**의 경우 슈퍼비조리판넬(Supervisory Panel)이 설치된다.

정답
088 O 089 O 090 × 091 ×
092 × 093 × 094 ×

095 간이스프링클러설비의 종류에는 상수도직결형, 가압수조·압력수조·펌프 등의 가압수조장치를 이용한 설비가 있다. O | X

해설
095 간이스프링클러설비의 종류에는 상수도직결형, 가압수조·**압력수조**·펌프·**캐비닛형** 등의 가압수조장치를 이용한 설비가 있다.

정답
095 ×

5 옥외소화전설비

LINK 251~252p

096 옥외소화전 1개설치 시 필요한 확보 수원의 양은 3.5m³이다. O | X

해설
096 옥외소화전 1개설치 시 필요한 확보 수원의 양은 **7m³**이다.
→ 350[L/min]×옥외소화전 설치개수(**최대 2개**)×20분

097 옥외소화전의 방수압력은 각 노즐선단 방수압력이 0.25[MPa] 이상 0.7[MPa] 이하가 되어야 한다. O | X

098 옥외소화전 호스 접결구는 소방대상물의 각 부분으로부터 수평거리가 40m 이하가 되도록 한다. O | X

099 옥외소화전마다 5m 이내의 장소에 1개 이상의 소화전 함을 설치한다. O | X

100 옥외소화전이 30개인 경우 11개 이상의 소화전함을 각각 분산하여 설치하여야 한다. O | X

정답
096 × 097 O 098 O 099 O
100 O

6 펌프

해설

101 소방펌프는 대부분 회전차의 회전에 의한 원심력을 이용한 원심펌프를 이용한다. O│X

102
수격현상이란 펌프에서 유체가 이송 시 정전 등으로 펌프가 정지되거나 밸브를 갑자기 닫을 경우 배관 내의 유체의 운동에너지가 압력에너지로 변하여 고압이 발생하거나 유속이 급변하여 압력의 변화를 가져와 배관 내의 벽면을 치는 현상을 말한다.

102 서징현상이란 펌프에서 유체가 이송 시 정전 등으로 펌프가 정지되거나 밸브를 갑자기 닫을 경우 배관 내의 유체의 운동에너지가 압력에너지로 변하여 고압이 발생하거나 유속이 급변하여 압력의 변화를 가져와 배관 내의 벽면을 치는 현상을 말한다. O│X

103
유속이 갑자기 변할 때 배관과 주변 기기에 진동과 소음이 생기는 수격현상을 방지하기 위해 **수격방지기**를 설치한다.

103 유속이 갑자기 변할 때 배관과 주변 기기에 진동과 소음이 생기는 수격현상을 방지하기 위해 압력챔버를 설치한다. O│X

104
소방펌프 및 관로에서 발생되는 수격현상(water hammering)의 방지책으로는 수격방지기 설치, 관로에 서지 탱크(surge tank) 설치, 플라이휠(flywheel)을 부착하여 펌프의 급격한 속도 변화 억제, 관경의 **확대**를 통해 유체의 유속을 **감소**시켜 압력 변동치를 감소시키는 방법이 있다.

104 소방펌프 및 관로에서 발생되는 수격현상(water hammering)의 방지책으로는 수격방지기 설치, 관로에 서지 탱크(surge tank) 설치, 플라이휠(flywheel)을 부착하여 펌프의 급격한 속도 변화 억제, 관경의 축소를 통해 유체의 유속을 증가시켜 압력 변동치를 감소시키는 방법이 있다. O│X

105 맥동현상이란 펌프 운전 시 규칙적으로 양정, 토출양이 변화하는 현상을 말한다. O│X

정답
101 O 102 × 103 × 104 ×
105 O

106 공동현상 발생원인
① 펌프의 흡입측 수두가 작을 경우 O|X
② 펌프의 설치위치가 수원보다 높을 경우 O|X
③ 펌프의 흡입압력이 유체의 증기압보다 높을 경우 O|X
④ 펌프의 임펠러 속도가 클 경우 O|X
⑤ 펌프의 마찰손실이 클 경우 O|X
⑥ 펌프의 흡입측의 관경이 클 경우 O|X

해설 106
① 펌프의 흡입측 수두가 **클** 경우
③ 펌프의 흡입압력이 유체의 증기압보다 **낮을** 경우
⑥ 펌프의 흡입측의 관경이 **작을** 경우

정답
106 ① × ② O ③ × ④ O ⑤ O ⑥ ×

7 물분무소화설비   LINK 254p

107 강화액소화설비, 이산화탄소소화설비, 스프링클러소화설비, 물분무소화설비, 할론소화설비 등은 물분무등소화설비에 해당한다. O|X

해설 107
강화액소화설비, 이산화탄소소화설비, ~~스프링클러소화설비~~, 물분무소화설비, 할론소화설비 등은 물분무등소화설비에 해당한다.

108 특수가연물을 저장 또는 취급하는 특정소방대상물에 설치되는 물분무소화설비의 방수량은 20[L/min] 이상이다. O|X

해설 108
특수가연물을 저장 또는 취급하는 특정소방대상물에 설치되는 물분무소화설비의 방수량은 **10[L/min]** 이상이다.

정답
107 × 108 ×

9 포소화설비   LINK 255~260p

109 고정포 방출구 중 Ⅱ형 방출구란 방출된 포가 액면 위에서 전개될 수 있도록 탱크 내부에 포의 통로가 있는 설비이다. O|X

해설 109
고정포 방출구 중 **Ⅰ형** 방출구란 방출된 포가 액면 위에서 전개될 수 있도록 탱크 내부에 포의 통로가 있는 설비이다.

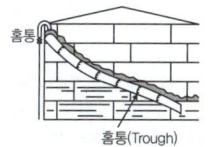

정답
109 ×

해설

110

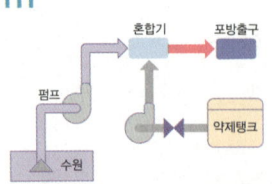

111

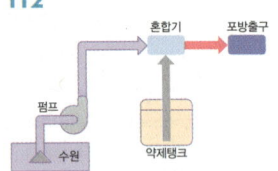

112

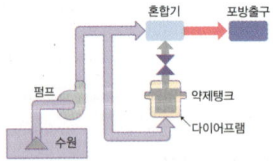

113
프레져 프로포셔너 방식이란 펌프와 발포기의 중간에 설치된 벤츄리관의 벤츄리작용과 펌프가압수의 포소화약제 저장탱크에 대한 압력에 따라 포소화약제를 흡입·혼합하는 것을 말한다.

114
공기압축포 믹싱쳄버방식은 포약제를 물과 공기 또는 질소와 혼합시켜 물의 표면장력을 감소시킴으로서 연소물질에 침투되는 침투력을 증가시켜 빠르게 소화를 유도한다.

115
• 토너먼트 방식
이산화탄소 소화설비, 할론 소화설비, 할로겐화합물 및 불활성기체 소화설비, 분말 소화설비, 압축공기포 소화설비

정답
110 ○ 111 ○ 112 ○ 113 ×
114 × 115 ○

☐☐☐ **기출**

110 고정포 방출구 중 특형 방출구란 플로팅 루프탱크의 측면과 굽도리판에 의하여 형성된 환상부분에 포를 방출하여 소화작용을 하도록 설치된 설비이다.   ○│×

☐☐☐ **기출**

111 포소화설비에서 펌프의 토출관에 압입기를 설치하여 포 소화약제 압입용 펌프로 포 소화약제를 압입시켜 혼합하는 방식을 프레져사이드 프로포셔너방식이라고 한다.   ○│×

☐☐☐ **기출**

112 라인 프로포셔너 방식이란 포소화약제의 혼합방식 중 펌프와 발포기의 중간에 설치된 벤츄리(Venturi) 관의 벤츄리(Venturi) 작용에 의하여 포소화약제를 흡입·혼합하는 것을 말한다.   ○│×

☐☐☐ **기출**

113 펌프 프로포셔너 방식이란 펌프와 발포기의 중간에 설치된 벤츄리관의 벤츄리작용과 펌프가압수의 포소화약제 저장탱크에 대한 압력에 따라 포소화약제를 흡입·혼합하는 것을 말한다.   ○│×

☐☐☐ **예상**

114 공기압축포 믹싱쳄버방식은 포약제를 물과 공기 또는 질소와 혼합시켜 물의 표면장력을 증가시킴으로서 연소물질에 침투되는 침투력을 증가시켜 빠르게 소화를 유도한다.   ○│×

☐☐☐ **예상**

115 압축공기포 소화설비의 배관은 토너먼트방식으로 해야 하고 소화약제가 균일하게 방출되는 등거리 배관구조로 설치해야 한다.   ○│×

10 이산화탄소 소화설비

116 가스계 소화약제를 방출하는 방식에는 전역방출방식, 집중방출방식, 호스릴방출방식이 있다. O | X

116 가스계 소화약제를 방출하는 방식에는 전역방출방식, **국소방출방식**, 호스릴방출방식이 있다.

117 호스릴방출방식이란 소화약제 공급장치에 배관 및 분사헤드 등을 설치하여 직접 화점에 소화약제를 방출하는 방식을 말한다. O | X

117 **국소방출방식**이란 소화약제 공급장치에 배관 및 분사헤드 등을 설치하여 직접 화점에 소화약제를 방출하는 방식을 말한다.

118 이산화탄소 소화설비(고압식)은 20[℃]에서 6.0[MPa]의 압력으로 이산화탄소를 저장하는 방식을 말하며, 2.1[MPa] 이상의 압력으로 방사하기 때문에 압력계가 항시 필요하다. O | X

118 이산화탄소 소화설비(고압식)은 20[℃]에서 6.0[MPa]의 압력으로 이산화탄소를 저장하는 방식을 말하며, 2.1[MPa] 이상의 압력으로 방사하기 때문에 압력계가 **필요없다**.

119 이산화탄소 소화설비의 작동순서는 화재 감지기 작동 → 수신제어반 연결 → 전자밸브 개방 → 선택밸브 및 저장용기 → 기동용기 동작 → CO_2 방사이다. O | X

119 이산화탄소 소화설비의 작동순서는 화재 감지기 작동 → 수신제어반 연결 → 전자밸브 개방 → **기동용기 동작** → 선택밸브 및 저장용기 → CO_2 방사이다.

120 이산화탄소 소화설비의 기동용기 가스는 압력스위치 및 자동폐쇄장치를 작동시키는 역할을 한다. O | X

120 이산화탄소 소화설비의 기동용기 가스는 **선택밸브 및 저장용기**를 작동시키는 역할을 한다.

121 전역방출방식에서 환기장치는 이산화탄소가 방사되기 전에 정지되어야 한다. O | X

정답
116 × 117 × 118 × 119 ×
120 × 121 ○

해설

122
국소방출방식의 단위체적·면적당 소화약제가 전역방출방식보다 많이 든다.

125
• 저장용기 설치장소 온도기준
① 40[℃] 이하: CO_2, 분말, 할론
② 55[℃] 이하: 할로겐화합물 및 불활성 기체

122 전역방출방식의 단위체적·면적당 소화약제가 국소방출방식보다 많이 든다. O | X

123 이산화탄소 소화설비 설치 시 방호구역 또는 방호대상물이 있는 구획 안에 있는 자에게 유효하게 경보할 수 있도록 음향경보장치를 설치하고, 소화약제의 방출을 명시하는 표시등을 설치한다. O | X

124 CO_2 소화설비는 화재감지기, 선택밸브, 방출표시등, 압력스위치 등으로 구성된다. O | X

125 할로겐화합물 및 불활성기체 소화설비의 저장용기는 온도가 40[℃] 이하이고, 온도변화가 적은 곳에 설치한다. O | X

정답
122 × 123 ○ 124 ○ 125 ×

11 분말 소화설비 LINK 263~264p

해설

126 분말소화설비의 저장용기에는 저장용기의 내부압력이 설정압력으로 되었을 때 주밸브를 개방하는 정압작동장치를 설치하여야 한다. O | X

정답
126 ○

CHAPTER 03 경보설비

1 자동화재탐지설비

127 자동화재탐지설비란 화재에 의해 발생하는 열·연기 및 화염 등을 이용하여 화재발생 사실을 소방대상물의 관계인등에게 알리는 소방시설이다. O│X

128 자동화재탐지설비는 감지기, 발신기, 수신기, 음향장치, 송신기 등으로 구성되어 있다. O│X

해설
128 자동화재탐지설비는 감지기, 발신기, 수신기, 음향장치, 중계기 등으로 구성되어 있다.

129 발신기는 화재발생신호를 수신기 또는 중계기에 수동으로 발신하는 것을 말한다. O│X

130 P형 1급발신기의 구성요소에는 전화잭, 다이어프램, 응답램프, 누름스위치 등이 있다. O│X

130 P형 1급발신기의 구성요소에는 전화잭, 다이어프램, 응답램프, 누름스위치 등이 있다.

131 R형 발신기는 고유의 신호를 수신하는 것으로서 숫자 등의 기록 장치에 의해 표시되며 회선수가 매우 많은 건물이나 초고층빌딩, 백화점 등에 사용된다. O│X

131 R형 수신기는 고유의 신호를 수신하는 것으로서 숫자 등의 기록 장치에 의해 표시되며 회선수가 매우 많은 건물이나 초고층빌딩, 백화점 등에 사용된다.

132 발신기는 설치장소에 따라 옥외형과 옥내형으로, 방폭구조 여부에 따라 방폭형 및 비방폭형으로, 방수성 유무에 따라 방수형 및 비방수형으로 구분한다. O│X

정답
127 O 128 × 129 O 130 ×
131 × 132 O

해설

133
특정소방대상물의 각 부분으로부터 하나의 발신기까지의 수평거리가 25[m] 이하가 되도록 한다. 다만, 복도 또는 별도로 구획된 실로서 보행거리가 40[m] 이상일 경우에는 추가로 설치하여야 한다.

134
감지기는 센서기능, 판단기능, 발신기능, 수신기능이 있다.

138
차동식 분포형 감지기에는 공기관식, 열전대식, 열반도체식이 있다.
→ 광전식은 연기감지기의 종류이다.

139
주위온도가 일정 상승률 이상이 되는 경우에 작동하는 것으로서 일국소의 열효과에 의하여 작동하는 것은 차동식 스포트형 감지기를 말한다.

---

133 〈예상〉
특정소방대상물의 각 부분으로부터 하나의 발신기까지의 보행거리가 25[m] 이하가 되도록 한다. 다만, 복도 또는 별도로 구획된 실로서 수평거리가 40[m] 이상일 경우에는 추가로 설치하여야 한다. O | X

134 〈기출〉
감지기는 센서기능, 판단기능, 발신기능, 수신기능이 있다. O | X

135 〈기출〉
연기감지기에는 광전식과 이온화식이 있다. O | X

136 〈기출〉
이온화식 감지기와 광전식 감지기는 연기를 감지하여 화재신호를 발하는 장치이다. O | X

137 〈기출〉
열감지기에는 차동식, 정온식, 보상식이 있다. O | X

138 〈기출〉
차동식 분포형 감지기에는 공기관식, 열전대식, 열반도체식, 광전식이 있다. O | X

139 〈기출〉
주위온도가 일정 상승률 이상이 되는 경우에 작동하는 것으로서 일국소의 열효과에 의하여 작동하는 것은 정온식 스포트형 감지기를 말한다. O | X

정답
133 × 134 × 135 O 136 O
137 O 138 × 139 ×

140 차동식 분포형 감지기는 주위 온도가 일정 상승률 이상 되는 경우에 작동하는 감지기로서 좁은 범위 내에서 열효과 누적에 의해 작동하는 것이다. O | X

해설

140 차동식 분포형 감지기는 주위 온도가 일정 상승률 이상 되는 경우에 작동하는 감지기로서 **넓은 범위** 내에서 열효과 누적에 의해 작동하는 것이다.
→ 차동식 스포트형 감지기: 좁은 범위 내

141 일국소의 주위온도가 일정한 온도 이상이 되는 경우에 작동하는 것으로서 외관이 전선으로 되어있는 것을 정온식 감지선형 감지기라 한다. O | X

142 차동식스포트형과 정온식스포트형의 성능을 겸한 것으로서 두 성능 중 어느 하나가 작동되면 화재신호를 발하는 것을 열복합형 감지기라고 한다. O | X

142 차동식스포트형과 정온식스포트형의 성능을 겸한 것으로서 두 성능 중 어느 하나가 작동되면 화재신호를 발하는 것을 **보상식 스포트형** 감지기라고 한다.

143 연기감지기 설치장소는 계단·경사로 및 에스컬레이터 경사로, 복도(30m 미만의 것을 제외한다) 등이다. O | X

144 정온식감지기는 주방·보일러실 등으로서 다량의 화기를 취급하는 장소에 설치하되, 공칭작동온도가 최고주위온도보다 10℃ 이상 높은 것으로 설치한다. O | X

144 정온식감지기는 주방·보일러실 등으로서 다량의 화기를 취급하는 장소에 설치하되, 공칭작동온도가 최고주위온도보다 **20℃** 이상 높은 것으로 설치한다.

145 자동화재탐지설비 중 열감지기에는 열기전력을 이용한 것, 이온전류가 변화하여 작동하는 것, 공기팽창을 이용한 것, 넓은 범위 내에서의 열 효과 누적에 의하여 작동되는 것 등이 있다. O | X

145 자동화재탐지설비 중 열감지기에는 열기전력을 이용한 것, ~~이온전류가 변화하여 작동하는 것~~, 공기팽창을 이용한 것, 넓은 범위 내에서의 열 효과 누적에 의하여 작동되는 것 등이 있다.
→ 이온전류가 변화하여 작동하는 것은 연기감지기의 종류이다.

정답
140 × 141 ○ 142 × 143 ○
144 × 145 ×

해설

146
불꽃감지기의 종류에는 자외선식, 적외선식, **자외선·적외선 겸용식, 불꽃영상분석식** 등이 있다.

147
자동화재탐지설비 중 연기감지기는 에스컬레이터 경사로나 복도, 천장 또는 반자의 높이가 **15m 이상 20m 미만**인 장소에 설치하여야 한다.

151
계단·경사로(에스컬레이터경사로 포함), 엘리베이터 승강로는 별도의 경계구역으로 높이 45[m] 이하로 한다.
→ 엘리베이터 승강로는 높이 제한 없이 하나의 경계구역으로 한다.

---

146 〔기출〕 불꽃감지기의 종류에는 자외선식, 적외선식, 경보식 등이 있다. ○|×

147 〔기출〕 자동화재탐지설비 중 연기감지기는 에스컬레이터 경사로나 복도, 천장 또는 반자의 높이가 20m 이상인 장소에 설치하여야 한다. ○|×

148 〔기출〕 경계구역이란 특정소방대상물 중 화재신호를 발신하고 그 신호를 수신 및 유효하게 제어할 수 있는 구역을 말한다. ○|×

149 〔기출〕 자동화재탐지설비의 하나의 경계구역의 면적은 600m² 이하로 하고 한 변의 길이는 50m 이하로 할 것. 다만, 해당 특정소방대상물의 주된 출입구에서 그 내부전체가 보이는 것에 있어서는 한 변의 길이가 50m의 범위 내에서 1,000m² 이하로 할 수 있다. ○|×

150 〔기출〕 하나의 경계구역이 2개 이상의 층, 2개 이상의 건축물에 미치지 아니하도록 한다. ○|×

151 〔예상〕 계단·경사로(에스컬레이터경사로 포함), 엘리베이터 승강로는 별도의 경계구역으로 높이 45[m] 이하로 한다. ○|×

152 〔예상〕 지하층의 계단 및 경사로(지하층의 층수가 1일 경우는 제외)는 별도로 하나의 경계구역으로 하여야 한다. ○|×

〔정답〕
146 × 147 × 148 ○ 149 ○
150 ○ 151 × 152 ○

153 특고압 케이블이 포설된 송·배전 전용의 지하구(공동구 제외) 경우 하나의 경계구역의 길이는 1,000m 이하로 한다. O | X

해설 153 특고압 케이블이 포설된 송·배전 전용의 지하구(공동구 제외) 경우 하나의 경계구역의 길이는 **700m** 이하로 한다.

154 외기에 면하여 상시 개방된 부분이 있는 차고, 주차장, 창고 등에 있어서는 외기에 면하는 각 부분으로부터 15m 미만의 범위 안에 있는 부분은 경계구역의 면적에 산입하지 않는다. O | X

해설 154 외기에 면하여 상시 개방된 부분이 있는 차고, 주차장, 창고 등에 있어서는 외기에 면하는 각 부분으로부터 **5m** 미만의 범위 안에 있는 부분은 경계구역의 면적에 산입하지 않는다.

155 일반적으로 P형 수신기는 대형건물에 사용되고, R형 수신기는 중·소형건물에 사용한다. O | X

해설 155 일반적으로 **R형** 수신기는 대형건물에 사용되고, **P형** 수신기는 중·소형건물에 사용한다.

156 수신기는 화재 시 발신기 또는 감지기로부터 신호를 직접 또는 중계기를 거쳐 수신하여 건물 관계자에게 표시 및 음향장치로 알려주는 설비이며 고유의 신호로 수신하는 P형과 공통의 신호로 수신하는 R형이 있다. O | X

해설 156 수신기는 화재 시 발신기 또는 감지기로부터 신호를 직접 또는 중계기를 거쳐 수신하여 건물 관계자에게 표시 및 음향장치로 알려주는 설비이며 고유의 신호로 수신하는 **R형**과 공통의 신호로 수신하는 **P형**이 있다.

157 R형 수신기는 감지기 또는 발신기에서 1 : 1 접점방식으로 전송된 신호를 수신한다. O | X

해설 157 **P형 수신기**는 감지기 또는 발신기에서 **1 : 1 접점방식**으로 전송된 신호를 수신한다.
→ R형 수신기: 다중전송방식

158 수신기는 AC 220V로 입력, DC 24V로 정류하여 전원을 공급한다. O | X

정답
153 ✕ 154 ✕ 155 ✕ 156 ✕
157 ✕ 158 O

해설

159 자동화재탐지설비의 수신기에는 회로도통시험, 동시작동시험, 공통선시험 등의 시험이 있다. O|X

160 회로도통시험의 목적은 감지기 회로의 단선유무와 기기 등의 접속 상황을 확인하기 위함이다. O|X

161 발신기는 화재발생신호를 수신기 또는 중계기에 수동으로 발신하는 것을 말한다. O|X

162
중계기는 수신형태에 따라 일반적으로 R형 수신기에 사용한다.

162 중계기는 수신형태에 따라 일반적으로 P형 수신기에 사용한다. O|X

163 주음향장치는 수신기 내부 또는 직근에 설치한다. O|X

164
우선경보방식을 적용해야 하는 경우 2층에서 화재가 발생하였다면 화재안전기준에 따라 발화층, 직상 4개층에 우선경보한다.

164 우선경보방식을 적용해야 하는 경우 2층에서 화재가 발생하였다면 화재안전기준에 따라 발화층, 직상층에 우선경보한다. O|X

165
16층 이상의 공동주택의 경우에는 우선경보방식으로 설치하여야 한다.

165 11층 이상의 공동주택의 경우에는 우선경보방식으로 설치하여야 한다. O|X

정답
159 O 160 O 161 O 162 ×
163 O 164 × 165 ×

2 시각경보기

166 [기출] 시각경보기란 자동화재탐지설비에서 발하는 화재신호를 시각경보기에 전달하여 청각장애인에게 점멸형태의 시각경보를 하는 설비이다. O | X

167 [예상] 시각경보기는 바닥으로부터 2[m] 이상 2.5[m] 이하의 장소에 설치한다. 다만, 천장의 높이가 2[m] 이하인 경우에는 천장으로부터 0.15[m] 이내의 장소에 설치한다. O | X

정답
166 ○ 167 ○

4 단독경보형 감지기

168 [기출] 단독경보형감지기는 별도의 수신기를 통해 화재발생 상황을 알린다. O | X

해설
168 단독경보형감지기는 **단독으로 감지하여 자체에 내장된 음향장치로** 화재발생 상황을 알린다.

정답
168 ×

5 비상경보설비 (비상벨설비, 자동식사이렌설비)

169 [기출] 비상벨설비는 항상 자동으로서 건물 내·외에 있는 사람에게 화재발생 사실을 알린다. O | X

해설
169 비상벨설비는 항상 **수동**으로서 건물 내·외에 있는 사람에게 화재발생 사실을 알린다.

정답
169 ×

6 비상방송설비

LINK 273~274p

해설

171
비상방송설비의 음향장치는 정격전압 **80%** 전압에서도 음향신호를 보낼 수 있다.

172
비상방송설비의 확성기는 각 층마다 설치하되 그 층의 각 부분으로부터 하나의 확성기까지의 수평거리가 **25m** 이하가 되도록 한다.

170 〔기출〕 비상방송설비는 수신기에 화재신호가 도달하면 방송으로 화재 사실을 알리는 설비이다. ◯|✕

171 〔기출〕 비상방송설비의 음향장치는 정격전압 90% 전압에서도 음향신호를 보낼 수 있다. ◯|✕

172 〔기출〕 비상방송설비의 확성기는 각 층마다 설치하되 그 층의 각 부분으로부터 하나의 확성기까지의 수평거리가 30m 이하가 되도록 한다. ◯|✕

173 〔기출〕 비상방송설비의 확성기 음성입력은 실외의 경우 3W 이상(실내는 1W 이상)이어야 한다. ◯|✕

174 〔기출〕 비상방송설비에 음량조정기를 설치하는 경우 음량조정기의 배선은 3선식으로 한다. ◯|✕

정답
170 ◯   171 ✕   172 ✕   173 ◯
174 ◯

7 자동화재속보설비

LINK 274p

해설

175
자동화재속보설비는 자동화재탐지설비로부터 화재신호를 받아 통신망, 음성 등의 방법으로 **소방관서**에 자동적으로 화재발생 위치를 신속하게 통보해주는 설비이다.

175 〔기출〕 자동화재속보설비는 자동화재탐지설비로부터 화재신호를 받아 통신망, 음성 등의 방법으로 관계인에게 자동적으로 화재발생 위치를 신속하게 통보해주는 설비이다. ◯|✕

정답
175 ✕

176 자동화재속보설비는 자동화재탐지설비와 연동으로 작동하여 자동적으로 화재발생 상황을 소방대상물의 관계인에게 전달되는 것으로 한다. O | X

해설
176 자동화재속보설비는 자동화재탐지설비와 연동으로 작동하여 자동적으로 화재발생 상황을 **소방관서**에 전달되는 것으로 한다.

정답 176 ×

8 누전경보기 LINK 275p

177 누전경보기는 변류기, 수신부, 음향장치, 차단기 등으로 구성된다. O | X

정답 177 O

9 가스누설경보기 LINK 275~276p

178 가스누설경보기는 탐지부, 수신부, 음향장치 등으로 구성된다. O | X

179 가스누설경보기 중 분리형 경보기의 탐지부는 가스연소기의 중심으로부터 직선거리 4[m] (공기보다 무거운 가스를 사용하는 경우에는 8[m]) 내에 1개 이상 설치하여야 한다. O | X

해설
179 가스누설경보기 중 분리형 경보기의 탐지부는 가스연소기의 중심으로부터 직선거리 **8[m]** (공기보다 무거운 가스를 사용하는 경우에는 **4[m]**) 내에 1개 이상 설치하여야 한다.

180 단독형 경보기는 천장으로부터 경보기 하단까지의 거리가 0.3[m] 이하가 되도록 설치한다. 다만, 공기보다 무거운 가스를 사용하는 경우에는 바닥면으로부터 단독형 경보기 상단까지의 거리는 0.3[m] 이하로 한다. O | X

정답 178 O 179 × 180 O

CHAPTER 04 피난구조설비

1 피난기구

해설

181 승강식 피난기란 사용자의 몸무게에 의하여 자동으로 하강하고 내려서면 스스로 상승하여 연속적으로 사용할 수 있는 무동력 피난기구를 말한다.

182 간이완강기란 사용자의 몸무게에 따라 자동적으로 내려올 수 있는 기구 중 사용자가 연속적으로 사용할 수 없는 것을 말한다.

181 구조대란 사용자의 몸무게에 의하여 자동으로 하강하고 내려서면 스스로 상승하여 연속적으로 사용할 수 있는 무동력 피난기구를 말한다. O|X

182 완강기란 사용자의 몸무게에 따라 자동적으로 내려올 수 있는 기구 중 사용자가 연속적으로 사용할 수 없는 것을 말한다. O|X

183 승강식 피난기는 몸무게에 의하여 연속적으로 사용할 수 있는 무동력 승강식 피난기이다. O|X

정답
181 × 182 × 183 O

2 인명구조기구

해설

185 인명구조기구는 인공소생기, 방열복, 방화복, 공기안전매트, 공기호흡기가 있다.

184 인공소생기란 호흡 부전 상태인 사람에게 인공호흡을 시켜 환자를 보호하거나 구급하는 기구이다. O|X

185 인명구조기구는 인공소생기, 방열복, 방화복, 공기안전매트가 있다. O|X

정답
184 O 185 ×

3 유도등

186 피난구유도등이란 피난구 또는 피난경로로 사용되는 출입구를 표시하여 피난을 유도하는 등을 말한다. O|X

187 복도통로유도등이란 피난통로가 되는 복도에 설치하는 통로유도등으로서 피난구의 방향을 명시하는 것을 말한다. O|X

188 피난구유도등은 피난구 및 피난경로 출입구의 위치를 표시하는 유도등으로 백색바탕에 녹색문자로 표시한다. O|X

해설

188
피난구유도등은 피난구 및 피난경로 출입구의 위치를 표시하는 유도등으로 **녹색바탕에 백색문자**로 표시한다.

189 피난구유도등의 높이는 바닥으로부터 1.5m 이상에 설치하고, 복도통로유도등은 바닥으로부터 높이 1m 이하, 보행거리 25m마다 설치한다. O|X

189
피난구유도등의 높이는 바닥으로부터 1.5m 이상에 설치하고, 복도통로유도등은 바닥으로부터 높이 1m 이하, 보행거리 **20m**마다 설치한다.

190 객석유도등은 통로, 바닥, 기둥에 설치한다. O|X

190
객석유도등은 통로, 바닥, **벽**에 설치한다.

설치개수 = $\dfrac{\text{객석 통로의 직선 부분의 길이[m]}}{4} - 1$

191 계단통로유도등은 피난통로가 되는 계단이나 경사로에 설치하는 통로유도등으로 바닥면 및 디딤 바닥면을 비추는 계단통로유도등은 각 층의 경사로 참 또는 계단참마다(1개층에 경사로 참 또는 계단참이 2 이상 있는 경우에는 2개의 계단참마다) 설치한다. O|X

정답
186 O 187 O 188 × 189 ×
190 × 191 O

192 공연장, 집회장, 관람장, 운동시설, 유흥주점영업시설에는 객석유도등이 설치되어야 한다.

정답 192 ○

4 비상조명등 및 휴대용 비상조명등
LINK 282~283p

193 휴대용 비상조명등의 설치는 대규모점포와 영화상영관에는 보행거리 50m 이내마다 3개 이상 설치하며 지하상가 및 지하역사에는 보행거리 25m 이내마다 3개 이상 설치한다.

정답 193 ○

소화용수설비

1 상수도소화용수설비

194 기출
호칭지름 75[mm] 이상의 수도배관에 호칭지름 100[mm] 이상의 소화전을 접속해야 한다. O | X

195 예상
소화전은 특정소방대상물의 수평투영면의 각 부분으로부터 180[m] 이하가 되도록 설치한다. O | X

195
소화전은 특정소방대상물의 수평투영면의 각 부분으로부터 140[m] 이하가 되도록 설치한다.

정답
194 O 195 ✕

CHAPTER 06 소화활동설비

LINK 285~292p

해설
196
소화활동설비는 **본격소화**에 해당한다.

196 기출
소화활동설비는 초기소화에 해당한다. O│X

정답
196 ×

1 제연설비
LINK 285~287p

해설

197 기출
화재안전기준에서 규정하는 제연설비의 하나의 제연구역 면적은 1,000㎡이고, 하나의 제연구역은 직경 60[m] 원내에 들어갈 수 있도록 한다. O│X

198
밀폐제연방식이란 밀폐도가 많은 벽이나 문으로서 화재가 발생하였을 때 밀폐하여 일시적으로 연기의 유출 및 공기 등의 유입을 차단시켜 제연하는 방식을 말한다.

198 기출
자연제연방식이란 밀폐도가 많은 벽이나 문으로서 화재가 발생하였을 때 밀폐하여 일시적으로 연기의 유출 및 공기 등의 유입을 차단시켜 제연하는 방식을 말한다. O│X

199
제3종 기계자연방식이란 자연급기, 기계배기로 사용하는 것이다.

199 기출
제2종 기계자연방식이란 자연급기, 기계배기로 사용하는 것이다. O│X

정답
197 ○ 198 × 199 ×

2 연결송수관설비
LINK 288~289p

해설

200 예상
지면으로부터 높이가 31m 이상이거나 지상 11층 이상인 특정소방대상물에는 습식연결송수관설비를 설치한다. O│X

정답
200 ○

3 연결살수설비

201 연결살수설비의 송수구는 폐쇄된 곳에 설치하고 65mm 쌍구형으로 한다. O│X

해설 201 연결살수설비의 송수구는 **개방된** 곳에 설치하고 65mm 쌍구형으로 한다.

202 연결살수설비의 송수구는 지면으로부터 높이가 1m 이상 2m 이하의 위치에 설치한다. O│X

해설 202 연결살수설비의 송수구는 지면으로부터 높이가 **0.5m 이상 1m 이하**의 위치에 설치한다.

203 가연성 가스의 저장·취급시설에 설치하는 연결살수설비의 헤드는 연결살수설비 전용의 폐쇄형 헤드를 설치해야한다. O│X

해설 203 가연성 가스의 저장·취급시설에 설치하는 연결살수설비의 헤드는 연결살수설비 전용의 **개방형** 헤드를 설치해야한다.

204 연결살수설비에서 살수헤드의 수가 3개인 경우 배관의 구경은 50mm가 된다. O│X

정답
201 ×　202 ×　203 ×　204 ○

4 비상콘센트설비

205 층수가 11층 이상인 특정소방대상물의 경우 전층에 비상콘센트설비를 설치한다. O│X

해설 205 층수가 11층 이상인 특정소방대상물의 경우 **11층 이상의 층**에 비상콘센트설비를 설치한다.

206 비상콘센트설비의 전원회로는 단상 교류 220 볼트인 것으로서, 그 공급용량은 1.5 킬로볼트암페어 이상인 것으로 해야한다. O│X

정답
205 ×　206 ○

5 무선통신보조설비

207

무선통신보조설비에서 분배기란 서로 다른 주파수의 합성된 신호를 분리하기 위해서 사용하는 장치이며, 증폭기란 전압·전류의 진폭을 늘려 감도 등을 개선하는 장치를 말한다. [O|X]

해설

207
무선통신보조설비에서 **분파기**란 서로 다른 주파수의 합성된 신호를 분리하기 위해서 사용하는 장치이며, 증폭기란 전압·전류의 진폭을 늘려 감도 등을 개선하는 장치를 말한다.

정답
207 ×

PART VII

LIATSIV

SILVITAIL

PART

VIII

소방조직

CHAPTER 01 소방조직

CHAPTER 01 소방조직

1 소방조직관리 기초이론

해설

001
소방관서는 전통적으로 **준군사적**으로 조직되어 있다. 이것은 소방조직이 다른 조직에 비하여 순응적 조직문화를 가지고 있다는 것을 의미하지만 반대로 자발적이고 상향적 혁신의 장애가 될 수 있다는 것을 의미한다.

002
소방조직의 원리에는 조정의 원리, 계층제의 원리, **명령계 통일의 원리**, 통솔 범위의 원리, 분업의 원리, 계선의 원리가 있다.

003
소방조직의 기본원리 중 **계선의 원리**란 특정사안에 대한 결정에 있어서 의사결정 과정에서는 개인의 의견이 참여되지만, 결정을 내리는 것은 개인이 아닌 소속기관의 장이 한다는 것이다.

기출

001 소방관서는 전통적으로 수평적 형식으로 조직되어 있다. 이것은 소방조직이 다른 조직에 비하여 순응적 조직문화를 가지고 있다는 것을 의미하지만 반대로 자발적이고 상향적 혁신의 장애가 될 수 있다는 것을 의미한다. O│X

002 소방조직의 원리에는 조정의 원리, 계층제의 원리, 명령 분산의 원리, 통솔 범위의 원리, 분업의 원리, 계선의 원리가 있다. O│X

003 소방조직의 기본원리 중 조정의 원리란 특정사안에 대한 결정에 있어서 의사결정 과정에서는 개인의 의견이 참여되지만, 결정을 내리는 것은 개인이 아닌 소속기관의 장이 한다는 것이다. O│X

정답
001 ✕ 002 ✕ 003 ✕

2 소방의 발전과정

해설

예상

004 삼국시대에 화재를 사회적 재앙으로 인식하기 시작하였으며, 통일신라시대 이후 화재에 대한 예방의식이 생기기 시작하였다. O│X

정답
004 O

005 고려시대에는 소방(消防)을 소재(消災)라 하였으며, 화통도감을 신설, 금화관리자 배치 등 화재를 담당하는 전문조직은 없었으나, "금화제도"라는 명칭으로 화기를 단속하고 예방하였다. O|X

006 고려시대에 금화도감을 설치하였다. O|X

006 **조선시대**에 금화도감을 설치하였다.

007 조선시대인 1426년 2월(세종 8년) 최초의 소방조직인 금화도감을 공조 아래에 설치하여 방화업무를 담당하게 하였다. O|X

007 조선시대인 1426년 2월(세종 8년) 최초의 소방조직인 금화도감을 **병조** 아래에 설치하여 방화업무를 담당하게 하였다.

008 금화도감을 설치하여 화재의 방지와 개천과 하수구의 수리 및 소통을 담당하게 하고, 화재를 이용한 도적들을 색출하게 하였다. O|X

009 금화도감은 상비 소방제도로서의 관서는 아니지만 화재를 방지하는 문제로 독자적 기구를 갖춘 우리나라 최초의 소방기구이다. O|X

010 최초의 소방관서는 금화도감이다. O|X

011 1426년(세종 8년)에 독자적인 소방 관리를 위해 금화도감을 설치하였으며 이후 성문도감과 병합하여 수성금화도감으로 개편하였다. O|X

정답
005 O 006 × 007 × 008 O
009 O 010 O 011 O

해설

012
갑오개혁 이후에 '소방'이라는 용어를 최초로 사용하였다.

014
조선시대에 청나라에서 들여온 수총기를 궁정소방대에 처음으로 구비하였다.

015
갑오개혁 이후 수도의 개설로 소화전이 설치되었다.

016
1925년에 우리나라 최초 소방서인 경성소방서를 설치하였다.

017
1925년 최초 소방서인 경성소방서가 설치되었고, 1958년 소방법이 제정되었다.

---

012 [기출] 조선시대 초기에 '소방'이라는 용어를 최초로 사용하였다. O | X

013 [기출] 1894년에 경무청이 설치되고, '소방'이란 용어가 처음으로 사용되었다. O | X

014 [기출] 조선시대에 일본에서 들여온 수총기를 궁정소방대에 처음으로 구비하였다. O | X

015 [예상] 일제강점기 이후 수도의 개설로 소화전이 설치되었다. O | X

016 [기출] 1915년에 우리나라 최초 소방서인 경성소방서를 설치하였다. O | X

017 [기출] 1925년 최초 소방서인 경성소방서가 설치되었고, 그와 함께 소방법이 제정되었다. O | X

018 [기출] 일제 강점기시대에 우리나라 최초로 소방서를 설치하였다. O | X

정답
012 × 013 ○ 014 × 015 ×
016 × 017 × 018 ○

019 일제 강점기시대에 경무부 소속 상비소방수로 상비소방제도를 시행하였다. O│X

020 미군정기에 최초의 독립된 자치소방행정체제를 실시하였다. O│X

021 우리나라에 최초로 독립된 자치소방체제가 성립된 시기는 1948~1970년 이다. O│X

021
우리나라에 최초로 독립된 자치소방 체제가 성립된 시기는 1946~1948년 이다.

022 미군정 시대에는 소방을 경찰에서 분리하여 최초로 독립된 자치적 소방제도를 시행하였다. O│X

023 미군정 시대에는 소방행정을 경찰에서 분리하여 자치소방행정체제를 도입하였다. O│X

024 미군정 시대인 1946년 중앙소방위원회가 설치되었다. O│X

025 1945년에 중앙소방위원회 및 중앙소방청을 설치하였다. O│X

025
1946년에 중앙소방위원회 1947년 중앙소방청을 설치하였다.

정답
019 O 020 O 021 × 022 O
023 O 024 O 025 ×

해설

028
1948년에 대한민국 정부가 수립되고 국가 소방체제로 전환하면서 소방행정조직이 경찰에 흡수되었다.

029
1958년 소방법이 제정·공포되었다.

030
대한민국 정부 수립 이후인 1958년 소방법이 제정·공포되었다.

033
1948년 대한민국 정부가 수립되었고 1972년 소방본부가 설치되었다.

---

026 자치소방제도 시기에는 중앙에는 중앙소방위원회를 두고, 지방에는 도소방위원회를 두어 독립된 자치소방제도를 시행하였다. ☐ O | X

027 중앙소방위원회 설치(1946) 당시에는 자치소방체제였다. ☐ O | X

028 1948년에 대한민국 정부가 수립되고 국가 소방체제로 전환하면서 소방행정조직이 경찰에서 분리되었다. ☐ O | X

029 1948년 소방법이 제정·공포되었다. ☐ O | X

030 대한민국 정부 수립 이후인 1948년 소방법이 제정·공포되었다. ☐ O | X

031 정부수립(1948) 당시에는 국가소방체제였다. ☐ O | X

032 1948년 정부 수립 이후 소방법 제정되었다. ☐ O | X

033 대한민국 정부수립과 동시에 소방본부가 설치되었다. ☐ O | X

정답
026 O 027 O 028 × 029 ×
030 × 031 O 032 O 033 ×

034 1958년 소방법 제정 당시 소방업무영역은 화재를 포함한 풍수해, 설해의 예방·경계·진압으로 규정돼 있어 자연재해까지 소방업무로 인식됐다. O│X

035 1969년 경찰공무원법 제정으로 경찰공무원법의 적용 받았다. O│X

036 정부수립과 함께 자치소방체제를 폐지하고 국가소방체제를 유지하였으나 이후 정부는 서울특별시와 부산광역시에 자치적인 소방본부를 설치하여 이원적 소방행정체제를 갖게 되었다. O│X

037 1972년 전국 시·도에 소방본부를 설치·운영하고 광역소방행정체제로 전환하였다. O│X

> **037**
> 1992년 전국 시·도에 소방본부를 설치·운영하고 광역소방행정체제로 전환하였다.

038 중앙소방학교 설립(1978) 당시에는 국가소방과 자치소방의 이원적 체제였다. O│X

039 1975년 민방위본부가 발족하면서 내무부 치안국 소방과에서 내무부 소속 민방위본부 소방국으로 개편되며 소방조직이 경찰로부터 분리되었다. O│X

040 1977년 지방소방공무원법을 제정하고, 국가공무원은 경찰공무원으로, 지방공무원은 소방공무원으로 그 신분이 이원화되었다. O│X

> **040**
> 1973년 지방소방공무원법을 제정하고, 국가공무원은 경찰공무원으로, 지방공무원은 소방공무원으로 그 신분이 이원화되었다.

정답
034 O 035 O 036 O 037 ×
038 O 039 O 040 ×

해설

041 1977년에 국가·지방소방공무원에 대한 단일신분법이 제정되었다. ○|×

042 2017년에 소방청이 설립되었다. ○|×

043 2003년 대구 지하철 방화사건을 계기로 2004년 3월 11일 「재난 및 안전관리 기본법」이 제정되었으며, 같은 해 5월 소방방재청을 설립하여 6월 1일 개청되었다. ○|×

044
대구지하철 화재 발생(2003) 당시에는 **광역자치소방체제**였다.

044 대구지하철 화재 발생(2003) 당시에는 국가소방체제였다. ○|×

045 2004년에는 소방방재청을 설립하여 소방업무, 민방위 재난·재해업무까지 관장하였다. ○|×

046 소방체제는 자치소방체제 → 국가소방체제 → 이원적소방체제 → 광역자치소방체제로 변화되었다. ○|×

047
소방공무원은 공무원 분류상 경력직 공무원 중 **특정직** 공무원에 해당한다.

047 소방공무원은 공무원 분류상 경력직 공무원 중 특수경력직 공무원에 해당한다. ○|×

정답
041 ○   042 ○   043 ○   044 ×
045 ○   046 ○   047 ×

048 2017년에 「정부조직법」 개정으로 국민안전처를 해체하고 소방청을 개설하였다. O|X

049 소방 조직의 설치: 내무부 소방과 → 내무부 소방국 → 도소방위원회 → 시·도 소방본부 O|X

해설

049
도소방위원회(1946) → 내무부 소방과(1948) → 내무부 소방국(1975) → 시·도소방본부(1992)

050 소방조직의 변천 과정: 내무부 치안국 소방과 → 내무부 소방국 → 소방방재청 → 국민안전처 중앙소방본부 → 소방청 O|X

정답
048 O 049 × 050 O

3 소방행정체제

LINK 313~322p

051 소방청장의 관장사무를 지원하기 위하여 소방청장 소속으로 중앙소방학교 및 중앙119구조본부를 둔다. O|X

052 중앙119구조본부의 업무는 재난유형별 구조기술의 연구·보급 및 구조대원의 교육훈련 등을 담당한다. O|X

053 우리나라 소방조직체계 중 지방소방행정조직에 의용소방대, 자체소방대, 자위소방대 등이 있다. O|X

해설

053
우리나라 소방조직체계 중 **민간소방**행정조직에 의용소방대, 자체소방대, 자위소방대 등이 있다.

정답
051 O 052 O 053 ×

CHAPTER 01 소방조직 **199**

해설

055
대한소방공제회는 직무수행 중 사망하거나 상이를 입은 사람에 대한 지원사업을 하며 「대한소방공제회법」에 명시되어 있다.

058
소방대는 소방공무원, 의무소방원, 의용소방대원으로 구성되어 있다.

---

054 〔기출〕 한국소방안전원의 설립되는 안전원은 법인으로 하며, 안전원에 관하여 일반적으로 「민법」 중 재단법인 규정을 준용한다. ☐ O | X

055 〔기출〕 대한소방공제회는 직무수행 중 사망하거나 상이를 입은 사람에 대한 지원사업을 하며 「소방기본법」에 명시되어 있다. ☐ O | X

056 〔기출〕 한국소방산업기술원은 소방산업의 진흥·발전을 효율적으로 지원하기 위하여 설립하며 기술원은 법인으로 하되 「민법」의 재단법인에 관한 규정을 준용한다. ☐ O | X

057 〔기출〕 소방공무원에 대한 효율적인 공제제도를 확립·운영하고, 직무수행 중 사망하거나 상이를 입은 사람에 대한 지원사업을 함으로써 이들의 생활 안정과 복지 증진에 이바지함을 목적으로 하여 대한소방공제회를 설립한다. ☐ O | X

058 〔기출〕 소방대는 소방공무원, 의무소방원, 자체소방대원으로 구성되어 있다. ☐ O | X

059 〔기출〕 소방본부장 또는 소방서장은 시·도지사의 지휘, 감독을 받는다. ☐ O | X

060 〔기출〕 소방서는 시·군·구 단위로 설치하되, 소방업무의 효율적인 수행을 위하여 특히 필요한 경우에는 인근 시·군·구를 포함한 지역을 단위로 설치할 수 있다. ☐ O | X

정답
054 O 055 × 056 O 057 O
058 × 059 O 060 O

061 기출
소방서의 관할구역에 설치된 119지역대의 수가 5개를 초과하는 경우에는 소방서를 추가로 설치할 수 있다. O X

> **해설**
> **061**
> 소방서의 관할구역에 설치된 119안전센터의 수가 5개를 초과하는 경우에는 소방서를 추가로 설치할 수 있다.

062 기출
석유화학단지·공업단지·주택단지 또는 문화관광단지의 개발 등으로 대형 화재의 위험이 있거나 소방수요가 급증하여 특별한 소방대책이 필요한 경우에는 해당 지역마다 소방서를 설치할 수 있다. O X

063 기출
119지역대의 설치기준에서 도서·산악지역 등 119안전센터에 소속된 소방공무원이 신속하게 출동하기 곤란한 지역에 설치할 수 있다. O X

064 기출
소방수요가 급증하여 특별한 소방대책이 필요한 지역이라도 예외기준 없이 소방력 기준에 따른 소방서 설치기준과 증설기준에 따라 설치하여야 한다. O X

> **064**
> 소방수요가 급증하여 특별한 소방대책이 필요한 경우에는 해당지역마다 소방서를 설치할 수 있다.

065 기출
1958년 소방법 제정 시 의용소방대 설치규정이 마련되었다. O X

066 기출
지역에 거주 또는 상주하는 주민 가운데 희망하는 사람으로서 간호사 자격을 가진 사람을 의용소방대원으로 임명될 수 있다. O X

067 기출
서울특별시장은 서울특별시에 의용소방대를 둔다. O X

> **정답**
> 061 × 062 ○ 063 ○ 064 ×
> 065 ○ 066 ○ 067 ○

해설

069
의용소방대는 시·도, 시·읍·면에 둔다.

070
의용소방대의 대장 및 부대장은 소방서장 추천에 따라 시·도지사가 임명한다.

071
의용소방대의 임무에는 화재예방업무의 보조, 구조·구급 업무의 보조, 소방시설 점검업무의 보조 등이 있다.

072
민간소방조직 중 자체소방대는 제4류 위험물을 저장·취급하는 제조소 중에서 최대수량의 합이 지정수량의 3,000배 이상인 경우 설치하여야 한다.

073
제4류 위험물을 저장하는 옥외탱크저장소에 저장하는 제4류 위험물의 최대수량이 지정수량의 50만배 이상인 경우 자체소방대를 설치하여야 한다.

정답
068 ○ 069 × 070 × 071 ×
072 × 073 ×

---

068 〔기출〕 의용소방대원의 정년은 65세로 한다. O|X

069 〔예상〕 의용소방대는 시·군·구에 둔다. O|X

070 〔기출〕 의용소방대의 대장 및 부대장은 관할 소방서장이 임명한다. O|X

071 〔기출〕 의용소방대의 임무에는 화재예방업무의 보조, 구조·구급 업무의 보조, 소방시설 점검업무의 보조 등이 있다. O|X

072 〔기출〕 민간소방조직 중 자체소방대는 제4류 위험물을 저장·취급하는 제조소에는 반드시 설치하여야 한다. O|X

073 〔기출〕 제4류 위험물을 저장하는 옥외탱크저장소에 저장하는 제4류 위험물의 최대수량이 지정수량의 30만배 이상인 경우 자체소방대를 설치하여야 한다. O|X

4 소방자원관리(인적)

074 「소방공무원법」상 임용이란 신규채용·승진·전보·파견·강임·휴직·직위해제·정직·강등·복직·면직·해임 및 파면을 말한다. ⓞⅠ✕

075 「소방공무원법」상 전보란 소방공무원의 같은 계급 및 자격 내에서의 근무기관이나 부서를 달리하는 임용을 말한다. ⓞⅠ✕

076 「소방공무원법」상 강등이란 동종의 직무 내에서 하위의 직위에 임명하는 것을 말한다. ⓞⅠ✕

> **076**
> 「소방공무원법」상 **강임**이란 동종의 직무 내에서 하위의 직위에 임명하는 것을 말한다.

077 「소방공무원법」상 복직이란 휴직·직위해제 또는 정직(강등에 따른 정직을 포함) 중에 있는 소방공무원을 직위에 복귀시키는 것을 말한다. ⓞⅠ✕

078 「소방공무원법」상 임용에는 신규채용, 파견, 정직, 퇴직 등이 있다. ⓞⅠ✕

> **078**
> 「소방공무원법」상 임용에는 신규채용, 파견, 정직, ~~퇴직~~ 등이 있다.

079 소방경 이하는 소방청장이 임용하고, 소방령 이상은 소방청장의 제청으로 국무총리를 거쳐 대통령이 임용한다. ⓞⅠ✕

080 소방총감은 대통령이 임명한다. ⓞⅠ✕

정답
074 ⓞ 075 ⓞ 076 ✕ 077 ⓞ
078 ✕ 079 ⓞ 080 ⓞ

해설

081 시·도 소속 소방공무원은 시·도지사가 임용한다.

083 소방공무원 중 소방령 이상 소방준감 이하의 소방공무원에 대한 전보, 휴직, 직위해제, 강등, 정직 및 복직은 소방청장이 행한다.

085 중앙119구조본부, 소방청, 소방본부, 소방서, 119안전센터는 「소방공무원 임용령」상 소방기관이다.

086 소방청장은 중앙119구조본부 소속 소방공무원 중 소방령에 대한 전보·휴직·직위해제·정직 및 복직에 관한 권한과 소방경 이하의 소방공무원에 대한 임용권을 중앙119구조본부장에게 위임할 수 있다.

정답
081 ✕ 082 ○ 083 ✕ 084 ○
085 ✕ 086 ✕

---

081 〔기출〕 시·도 소속 소방공무원은 시·도지사 제청으로 소방청장이 임용한다. ○ | ✕

082 〔기출〕 소방령 이상 소방준감 이하의 소방공무원에 대한 전보, 휴직, 직위해제, 강등, 정직 및 복직은 소방청장이 한다. ○ | ✕

083 〔기출〕 소방공무원 중 소방령 이상 소방준감 이하의 소방공무원에 대한 전보, 휴직, 직위해제, 강등, 정직 및 복직은 대통령이 행한다. ○ | ✕

084 〔기출〕 소방공무원의 계급순은 소방총감, 소방정감, 소방감, 소방준감, 소방정, 소방령, 소방경, 소방위, 소방장, 소방교, 소방사이다. ○ | ✕

085 〔예상〕 중앙119구조본부, 소방청, 소방본부, 소방서, 119안전센터는 「소방공무원 임용령」상 소방기관이다. ○ | ✕

086 〔기출〕 소방청장은 중앙119구조본부 소속 소방공무원 중 소방령에 대한 전보·휴직·직위해제·정직 및 복직에 관한 권한과 소방경 이하의 소방공무원에 대한 임용권을 중앙119구조본부장에게 위임할 수 없다. ○ | ✕

087 소방공무원을 신규채용할 때에는 소방장 이하는 6개월간 시보로 임용하고, 소방위 이상은 1년간 시보로 임용한다. O | X

088 소방공무원은 연령정년과 계급정년이 있다. O | X

089
• 계급정년
① 소방정: 10년 O | X
② 소방감: 5년 O | X
③ 소방경: 18년 O | X
④ 소방준감: 6년 O | X

• 근속승진
① 소방사를 소방교로: 4년 이상 근속자 O | X
② 소방장을 소방위로: 6년 6개월 이상 근속자 O | X
③ 소방위를 소방경으로: 8년 이상 근속자 O | X
④ 소방교에서 소방장으로: 6년 이상 근속자 O | X

090 금고 이상의 형을 받고 그 집행유예의 기간이 끝난 날부터 3년이 지나지 아니한 자는 소방공무원의 임용 결격사유에 해당한다. O | X

091 금고 이상의 형을 받고 그 집행이 종료되거나 집행을 받지 아니하기로 확정된 후 5년을 경과하지 아니한 자는 소방공무원 임용 결격사유에 해당한다. O | X

해설

089
• 계급정년

소방령	소방정	소방준감	소방감
14년	11년	6년	4년

• 근속승진

소방사	소방교	소방장	소방위
4년 이상	5년 이상	6년 6개월 이상	8년 이상

090 금고 이상의 형을 받고 그 집행유예의 기간이 끝난 날부터 2년이 지나지 아니한 자는 소방공무원의 임용 결격사유에 해당한다.

정답
087 O 088 O
089 계급정년
① × ② × ③ × ④ O
근속승진
① O ② O ③ O ④ ×
090 × 091 O

해설

092
소방공무원의 징계 중 경징계에는 정직, 감봉, 견책이 있다.
→ 중징계에는 파면, 해임, 강등, 정직이 있다.

093
강등은 중징계의 하나로 1계급 아래로 직급을 내리고 공무원 신분은 보유하나 3개월 동안 직무에 종사하지 못하며 그 기간 중 보수의 전액을 감한다.

기출

092 소방공무원의 징계 중 경징계에는 정직, 감봉, 견책이 있다. ☐ O ┆ X ☐

기출

093 강등은 중징계의 하나로 1계급 아래로 직급을 내리고 공무원 신분은 보유하나 1~3개월 동안 직무에 종사하지 못하며 그 기간 중 보수의 3분의 2를 감한다. ☐ O ┆ X ☐

예상

094 감봉이란 1개월 이상 3개월 이하의 기간동안 보수의 3분의 1을 감하는 것을 말한다. ☐ O ┆ X ☐

정답
092 ✕   093 ✕   094 O

SILVITAIL

PART IX

소방기능

CHAPTER 01 소방기능

CHAPTER 01 소방기능

LINK 340~363p

□□□ 기출
001 소방에서 행하는 기능에는 주유취급소 시설에 대한 설치허가, 화재예방강화지구 안의 소방대상물의 위치·구조 및 설비 등에 대하여 화재안전조사, 이상기상의 특보가 있는 때에 화재경보 발령 등이 있다.   O | X

정답
001 O

2 소방활동 등

LINK 342~346p

해설

002
소방력의 3요소는 소방대원(인력), 소방장비, 소방용수이다.

□□□ 기출
002 소방력의 3요소는 소방대원(인력), 소방시설, 소방용수이다.   O | X

003
소방신호의 종류에는 경계신호, 발화신호, 훈련신호, 해제신호가 있다.

□□□ 기출
003 소방신호의 종류에는 경방신호, 발화신호, 훈련신호, 해제신호가 있다.   O | X

004
소방신호의 방법으로는 타종신호, 싸이렌신호, 음성신호가 있다.

□□□ 기출
004 소방신호의 방법으로는 타종신호, 싸이렌신호, 음성신호가 있다.   O | X

□□□ 기출
005 소방대의 비상소집을 하는 경우에는 훈련신호를 사용할 수 있다.   O | X

정답
002 ×   003 ×   004 ×   005 O

210 PART IX 소방기능

006 타종신호로 하는 경우 경계신호는 5초 간격을 두고 30초씩 3회로 한다. O|X

006 **싸이렌신호**로 하는 경우 경계신호는 5초 간격을 두고 30초씩 3회로 한다.

007 소방신호의 종류에는 비상신호, 훈련신호, 해제신호, 경계신호가 있다. O|X

007 소방신호의 종류에는 **발화신호**, 훈련신호, 해제신호, 경계신호가 있다.

정답 006 × 007 ×

3 소방전술

LINK 346~350p

008 화재진압 단계별 활동순서: 현장도착 – 상황판단 – 수관연장 – 방수활동 – 인명구조 – 잔화처리 O|X

008 화재진압 단계별 활동순서: 현장도착–상황판단–**인명구조**–수관연장–방수활동–잔화처리

009 인접 건물의 화재확대방지 차원에서 블록의 4방면 중, 바람이 불어나가는 쪽이나 비화되는 쪽의 경우 화재확대가 가능한 면을 동시에 방어하는 전술을 블록전술이라고 한다. O|X

010 집중전술은 시설을 보호하며 화세에 비해 소방력이 부족하여 화재진압이 곤란한 상태에서 인명보호를 위한 피난로 피난예방의 확보방법으로 가장 유효한 전술이다. O|X

010 **중점전술**은 시설을 보호하며 화세에 비해 소방력이 부족하여 화재진압이 곤란한 상태에서 인명보호를 위한 피난로 피난예방의 확보방법으로 가장 유효한 전술이다.

011 선착대는 도착 즉시 인명검색과 요구조자의 구조활동에 우선하여야 하며, 건축물의 비화경계에 주력하도록 한다. O|X

011 선착대는 도착 즉시 인명검색과 요구조자의 구조활동에 우선하여야 하며, **건축물의 비화경계는 후착대의 임무이다.**

정답 008 × 009 O 010 × 011 ×

해설

012
저속분무는 간접공격에 용이하고, 고속분무는 분무방수 중 가장 강하다.

015
직사주수는 분무주수에 비하여 소화시간이 짧다.

016
저속분무주수는 간접공격법인 로이드레만 전법에 가장 적합하다.

018
산악구조대, 고속국도 구조대, 화학구조대, 수난구조대, 지하철구조대는 특수구조대에 해당한다.

정답
012 × 013 ○ 014 ○ 015 ×
016 × 017 ○ 018 ×

---

012 [기출] 저속분무는 직접공격에 용이하고, 고속분무는 분무방수 중 가장 강하다. ○|×

013 [기출] 직사주수는 원거리 공격, 직접타격, 명중률, 연소물 제거, 물의 침투효과가 있다. ○|×

014 [기출] 분무주수는 직사주수보다 큰 질식효과, 냉각효과, 배연효과와 배열효과로 인한 소방관의 보호, 수손피해의 감소, 감전위험이 없으며 직사방수보다 빠른 소화효과를 기대한다. ○|×

015 [기출] 직사주수는 분무주수에 비하여 소화시간이 길다. ○|×

016 [기출] 중속분무주수는 간접공격법인 로이드레만 전법에 가장 적합하다. ○|×

017 [기출] 분무방수는 단거리 공격에 해당되며, 실외 등 개방된 공간에는 효과가 적다. ○|×

018 [기출] 산악구조대, 해양구조대, 화학구조대, 수난구조대, 지하철구조대는 특수구조대에 해당한다. ○|×

4 구조·구급 행정관리 (119 구조·구급에 관한 법률)

019 [기출] 구조대, 구급대 편성·운영은 소방청장, 소방본부장, 소방서장이 한다. O | X

020 [기출] 고속국도구급대는 소방대장, 소방본부장, 소방서장이 교통사고의 발생빈도 등을 고려하여 설치한다. O | X

해설
020 고속국도구급대는 소방청장, 소방본부장, 소방서장이 교통사고의 발생빈도 등을 고려하여 설치한다.

021 [기출] 소방청과 소방본부에 119항공대를 설치할 수 있다. O | X

022 [예상] 외교부장관은 국외에서 대형재난 등이 발생한 경우 재외국민의 보호 또는 재난발생국의 국민에 대한 인도주의적 구조 활동을 위하여 국제구조대를 편성하여 운영할 수 있다. O | X

022 소방청장은 국외에서 대형재난 등이 발생한 경우 재외국민의 보호 또는 재난발생국의 국민에 대한 인도주의적 구조 활동을 위하여 국제구조대를 편성하여 운영할 수 있다.

023 [기출] 국제구조대는 응급의료, 시설관리, 통역, 인명탐색 및 구조, 공보연락 등의 임무를 수행한다. O | X

023 국제구조대는 응급의료, 시설관리, 통역, 인명탐색 및 구조, 공보연락, 안전평가 등의 임무를 수행한다.

024 [예상] 고속국도구조대, 국제구조대, 119항공대는 직할구조대에 설치할 수 있다. O | X

025 [기출] 적십자사 총재가 실시하는 구급업무의 교육을 받은 자, 1급 응급구조사, 1급 간호사는 119 구급대원이 될 수 있다. O | X

025 소방청장이 실시하는 구급업무의 교육을 받은 자, 1급 응급구조사, 1급 간호사는 119 구급대원이 될 수 있다.

정답
019 O 020 X 021 O 022 X
023 X 024 O 025

5 구조·구급 활동

LINK 354~358p

해설

026
구조시 사용되는 로프는 매듭 부분의 강도가 저하된다.

026 기출
구조시 사용되는 로프는 매듭 부분의 강도가 커진다. O | X

027 기출
기구, 장비 등을 통과하기 위해 매듭의 크기는 작게한다. O | X

028
구조대원의 인명구조 활동 시 구명을 최우선으로 한다.

028 기출
구조대원의 인명구조 활동 시 신체구출을 최우선으로 한다. O | X

029
강한 자극에도 의식의 회복이 없거나 외상이 있는 술에 취한 경우 구급요청 시 구급대원이 거절할 수 없다.

029 기출
강한 자극에도 의식의 회복이 없거나 외상이 있는 술에 취한 경우 구급요청 시 구급대원이 거절할 수 있다. O | X

정답
026 ✕   027 ○   028 ✕   029 ✕

---

6 응급의료

LINK 359~363p

해설

030
2급 응급구조사로서 응급구조사의 업무에 3년 이상 종사한 사람, 보건복지부장관이 정하여 고시하는 기준에 해당하는 외국의 응급구조사 자격인정을 받은 사람은 1급 응급구조사의 시험을 볼 수 있다.

030 예상
2급 응급구조사로서 응급구조사의 업무에 2년 이상 종사한 사람, 소방청장이 정하여 고시하는 기준에 해당하는 외국의 응급구조사 자격인정을 받은 사람은 1급 응급구조사의 시험을 볼 수 있다. O | X

031
기본 심폐소생술 및 산소투여, 구강 내 이물질의 제거, ~~인공호흡기를 이용한 호흡유지~~, 기도기를 이용한 기도유지는 2급 응급구조사의 업무이다.
→ 인공호흡기를 이용한 호흡유지는 1급 응급구조사의 업무이다.

031 기출
기본 심폐소생술 및 산소투여, 구강 내 이물질의 제거, 인공호흡기를 이용한 호흡유지, 기도기를 이용한 기도유지는 2급 응급구조사의 업무이다. O | X

정답
030 ✕   031 ✕

032 성인의 흉부압박과 인공호흡 비율은 30:2이다. ☐O ☐X

033 압박의 횟수는 성인은 1분당 약 80회 정도이다. ☐O ☐X

해설
033
압박의 횟수는 성인은 1분당 약 100~120회 속도로 30회 정도이다.

034 응급환자의 평가 중 환자의 과거병력, 활력징후는 2차 평가에 해당한다. ☐O ☐X

035 대량 환자 발생 시 현장에서 이송순위가 가장 높은 지연환자이다. ☐O ☐X

035
대량 환자 발생 시 현장에서 이송순위가 가장 높은 긴급환자이다.

036 긴급환자는 수분, 수시간 이내 응급처치를 요구하는 중증환자로 적색으로 구분하며 토끼의 심벌을 사용한다. ☐O ☐X

037 응급환자는 생명에는 큰 지장이 없는 부상 상태로 조치가 조금 지체되어도 상관없는 상태이다. ☐O ☐X

038 비응급환자는 수시간, 수일 후 치료해도 생명에 지장이 없는 환자로 × 표시 한다. ☐O ☐X

정답
032 O 033 × 034 O 035 ×
036 O 037 O 038

해설

039
중증도 분류별 표시방법 중 사망은 흑색, 십자가 표시로 한다.

040
중증도 분류별 표시방법 중 긴급은 적색, 토끼 그림으로 한다.

041
중증도 분류별 표시방법 중 응급은 황색, 거북이 그림으로 한다.

043
중증도 분류별 표시방법 중 비응급은 녹색, 구급차 그림에 × 표시로 한다.

---

039 [기출] 중증도 분류별 표시방법 중 사망은 적색, 십자가 표시로 한다. O | X

040 [기출] 중증도 분류별 표시방법 중 긴급은 녹색, 토끼 그림으로 한다. O | X

041 [기출] 중증도 분류별 표시방법 중 응급은 적색, 거북이 그림으로 한다. O | X

042 [기출] 중증도 분류별 표시방법 중 비응급은 녹색, 구급차 그림에 × 표시로 한다. O | X

043 [기출] 중증도 분류별 표시방법 중 대기는 황색, 구급차 그림에 × 표시로 한다. O | X

정답
039 × 040 × 041 × 042 O
043 ×

PART
X

제론테리

PART

X

재난관리

CHAPTER 01   재난이론

CHAPTER 02   재난 및 안전관리 기본법

CHAPTER 01 재난이론

1 재난의 분류

해설

001
번개, 폭풍, 토네이도는 존스(Jones)의 재해분류 중 기상학적 재해에 해당하고, **쓰나미는 지질학적 재해**에 해당한다.

기출 001 번개, 폭풍, 쓰나미, 토네이도는 존스(Jones)의 재해분류 중 기상학적 재해에 해당한다. O X

002
아네스는 자연적 재해는 기후성 재해, 지진성 재해로 분류하며 인위 재해는 고의성 유무에 따라 사고성 재해와 계획성 재해로 분류하였다.

기출 002 존스는 자연적 재해는 기후성 재해, 지진성 재해로 분류하며 인위 재해는 고의성 유무에 따라 사고성 재해와 계획성 재해로 분류하였다. O X

기출 003 아네스(Br. J. Anesth)는 재난을 크게 자연재난과 인적(인위)재난으로 구분하였다. O X

기출 004 존스(David K. Jones)는 재난을 크게 자연재난, 준자연재난, 인적(인위)재난으로 구분하였다. O X

005
존스는 장시간에 걸친 완만한 환경 변화에 따른 재해를 포함하였고, **아네스**는 장시간에 걸쳐 완만하게 전개되고, 인명 피해를 발생시키지 않는 일반행정관리 분야의 재해(수질오염, 대기오염 등)는 제외하였다.

기출 005 아네스는 장시간에 걸친 완만한 환경 변화에 따른 재해를 포함하였고, 존스는 장시간에 걸쳐 완만하게 전개되고, 인명 피해를 발생시키지 않는 일반행정관리 분야의 재해(수질오염, 대기오염 등)는 제외하였다. O X

정답
001 × 002 × 003 ○ 004 ○
005 ×

3 재난의 특징 (자연재난 vs 인적재난) LINK 369p

006 [기출] 자연재난과 인적재난은 모두 급작스럽게 돌풍적으로 일어나며, 통제 가능성이 없다. O|X

해설
006 자연재난과 인적재난은 모두 급작스럽게 돌풍적으로 일어나며, 통제 가능성이 없다.

007 [기출] 자연재난의 피해는 광범위한 지역에서 발생하고 인적재난의 피해는 국소지역에서 집중적으로 발생된다. O|X

008 [예상] 인적재난은 자연재난에 비해 예방이 불가능하고 피난활동이 어렵다. O|X

008 자연재난은 인적재난에 비해 예방이 불가능하고 피난활동이 어렵다.

009 [기출] 자연재난과 인적재난은 우리생활에 해를 준다. O|X

정답
006 ×   007 O   008 ×   009 O

4 사고연쇄반응이론 LINK 369~371p

010 [기출] 하인리히(H. W. Heinrich)의 도미노 이론은 재해발생과정을 유전적 요인 및 사회적 환경 → 개인적 결함 → 불안전 행동 및 불안전 상태 → 사고 → 재해(상해)라는 5개 요인의 연쇄작용으로 설명하였다. O|X

011 [기출] 하인리히의 도미노 이론 중 2단계의 내용은 개인적인 결함이다. O|X

정답
010 O   011 O

해설

013
프랭크 버드는 재해/발생점유율을 1(중상): 10(경상): 30(무상해 사고: 물적재해): 600(무상해 고장: 위험순간) 법칙으로 정립, 하인리히는 재해/발생점유율을 1(중상): 29(경상): 300(무상해 사고) 법칙으로 정립하였다.

014
재해의 원인을 Man, Machine, Media, Management 요인으로 구분하여 분석하며, 기계·설비의 설계상 결함은 기계적 요인에 작업 정보의 부적절은 작업·환경적 요인에 해당한다.
→ Management: 관리적 요인

정답
012 ○ 013 × 014 ×

---

012 〔기출〕
하인리히는 사고발생은 항상 불안전한 행동과 상태(직접원인)에 기인하며, 이를 제거하면 재해를 수반하는 사고의 대부분은 방지할 수 있다고 하였으나, 프랭크 버드 이론에서는 직접원인을 제거하는 것만으로는 재해는 다시 일어나기 때문에 기본원인을 반드시 제거하여야 한다고 강조했다. ○ | ×

013 〔예상〕
하인리히는 재해/발생점유율을 1(중상): 10(경상): 30(무상해 사고: 물적재해): 600(무상해 고장: 위험순간) 법칙으로 정립, 프랭크 버드는 재해/발생점유율을 1(중상): 29(경상): 300(무상해 사고) 법칙으로 정립하였다. ○ | ×

014 〔기출〕
재해의 원인을 Man, Machine, Manner, Management 요인으로 구분하여 분석하며, 기계·설비의 설계상 결함은 관리적 요인에 작업 정보의 부적절은 작업·환경적 요인에 해당한다. ○ | ×

---

6 재난관리 방식별 장단점 비교   LINK 372p

해설

015
재난관리 방식 중 분산관리는 재난의 종류에 따라 대응방식의 차이와 대응계획 및 책임기관이 각각 다르게 배정된다.

정답
015 × 016 ○

---

015 〔기출〕
재난관리 방식 중 통합관리는 재난의 종류에 따라 대응방식의 차이와 대응계획 및 책임기관이 각각 다르게 배정된다. ○ | ×

016 〔예상〕
분산관리방식은 한 재해 유형을 한 부처가 지속적으로 담당하므로 경험 축적 및 전문성 제고가 용이하다는 장점이 있으며, 통합관리방식은 자원봉사자 등 가용자원을 효과적으로 활용할 수 있다는 장점이 있다. ○ | ×

7 재난관리 단계별 주요 활동 내용 (Petak, 1985)

017 재난의 단계 중 대비란 재난발생확률이 높아진 경우, 재해 발생 후에 효과적으로 대응할 수 있도록 사전에 대응활동을 위한 메커니즘을 구성하는 등 운영적인 장치들을 갖추는 단계를 말한다. O | X

018 복구는 재산 및 인명보호를 위해 소방이 주도적인 역할을 하는 단계이다. O | X

018
대응은 재산 및 인명보호를 위해 소방이 주도적인 역할을 하는 단계이다.

정답
017 O 018 X

CHAPTER 02 재난 및 안전관리 기본법

1 목적

해설

019 「재난 및 안전관리 기본법」은 각종 재난으로부터 국토를 보존하고 국민의 생명·신체 및 재산을 보호하기 위하여 국가와 지방자치단체의 재난 및 안전관리체제를 확립하고, 재난의 예방·대비·대응·복구와 안전문화활동, 그 밖의 재난 및 안전관리에 필요한 사항을 규정함을 목적으로 한다. O│X

정답
019 O

2 용어 정리

해설

020
「재난 및 안전관리 기본법」제3조 제1호에 따른 재난은 자연재난, 사회재난, 해외재난으로 구분된다.

020 「재난 및 안전관리 기본법」 제3조 제1호에 따른 재난은 자연재난, 사회재난, 해외재난으로 구분된다. O│X

021
③ 환경오염사고-사회재난
④ 미세먼지-사회재난
⑤ 가축전염병확산-사회재난

021 재난의 분류 중 자연재난
① 화산활동 O│X
② 황사로 인하여 발생하는 재해 O│X
③ 환경오염사고 O│X
④ 미세먼지 O│X
⑤ 가축전염병확산 O│X
⑥ 소행성·유성체 자연우주물체 추락·충돌 O│X

정답
020 ✕
021 ① O ② O ③ ✕ ④ ✕ ⑤ ✕
⑥ O

022 해외재난이란 대한민국의 영역 밖에서 대한민국 국민의 생명·신체 및 재산에 피해를 주거나 줄 수 있는 재난으로서 정부차원에서 대처할 필요가 있는 재난을 말한다. O|X

023 재난관리란 재난이나 그 밖의 각종 사고로부터 사람의 생명·신체 및 재산의 안전을 확보하기 위하여 하는 모든 활동을 말한다. O|X

024 재난관리책임기관은 중앙행정기관 및 지방자치단체, 지방행정기관·공공기관·공공단체 (공공기관 및 공공단체의 지부 등 지방조직을 포함) 및 재난관리의 대상이 되는 중요시설의 관리기관 등으로서 대통령령으로 정하는 기관을 말한다. O|X

025 재난관리주관기관은 재난이나 그 밖의 각종 사고에 대하여 그 유형별로 예방·대비·대응 및 복구 등의 업무를 주관하여 수행하도록 대통령령으로 정하는 관계 중앙행정기관을 말한다. O|X

026 긴급구조기관이란 소방청, 소방본부, 소방서를 말한다. 다만 해양에서 발생한 재난의 경우에는 경찰청, 지방해양경찰청, 해양경찰서를 말한다. O|X

027 국가재난관리기준은 모든 유형의 재난에 공통적으로 활용할 수 있도록 재난관리의 전 과정을 통일적으로 단순화·체계화한 것으로서 행정안전부장관이 고시한 것을 말한다. O|X

028 재난관리정보란 재난관리를 위하여 필요한 재난상황정보, 동원가능자원정보, 시설물정보, 지리정보를 말한다. O|X

해설

023 안전관리란 재난이나 그 밖의 각종 사고로부터 사람의 생명·신체 및 재산의 안전을 확보하기 위하여 하는 모든 활동을 말한다.

026 긴급구조기관이란 소방청, 소방본부, 소방서를 말한다. 다만 해양에서 발생한 재난의 경우에는 해양경찰청, 지방해양경찰청, 해양경찰서를 말한다.

정답
022 O   023 ×   024 O   025 O
026 ×   027 O   028 O

해설

029
재난안전통신망은 재난관리책임기관·긴급구조기관 및 긴급구조지원기관이 재난 및 안전관리업무에 이용하거나 재난현장에서의 통합지휘에 활용하기 위하여 구축·운영하는 **무선통신망**이다.

031
① 도로터널 사고-**국토교통부**
② **법무시설**에서 발생한 사고-법무부
③ 가축질병-**농림축산식품부**
⑦ 해양 분야 환경오염 사고-**해양수산부**
⑧ 금융 전산 및 시설 사고-**금융위원회**
⑨ 경기장 및 공연장에서 발생한 사고-**문화체육관광부**
⑫ 내륙에서 발생한 유도선 등의 수난 사고-**행정안전부**
⑰ 자연우주물체의 추락·충돌-**과학기술정보통신부 우주항공청**

---

029 〔기출〕 재난안전통신망은 재난관리책임기관·긴급구조기관 및 긴급구조지원기관이 재난 및 안전관리업무에 이용하거나 재난현장에서의 통합지휘에 활용하기 위하여 구축·운영하는 무선통신망이다. ☐ O ☐ X

030 〔기출〕 재난안전데이터는 정보처리능력을 갖춘 장치를 통하여 생성 또는 처리가 가능한 형태로 존재하는 재난 및 안전관리에 관한 정형 또는 비정형의 모든 자료이다. ☐ O ☐ X

031 〔기출〕 재난 및 사고유형별 재난관리주관기관
① 도로터널 사고-행정안전부 ☐ O ☐ X
② 교정시설에서 발생한 사고-법무부 ☐ O ☐ X
③ 가축질병-보건복지부 ☐ O ☐ X
④ 학교시설에서 발생한 사고-교육부 ☐ O ☐ X
⑤ 가스 수급 및 누출 사고-산업통상자원부 ☐ O ☐ X
⑥ 정부주요시설 사고-행정안전부 ☐ O ☐ X
⑦ 해양 분야 환경오염 사고-해양경찰청 ☐ O ☐ X
⑧ 금융 전산 및 시설 사고-과학기술정보통신부 ☐ O ☐ X
⑨ 경기장 및 공연장에서 발생한 사고-소방청 ☐ O ☐ X
⑩ 항공기 사고-국토교통부 ☐ O ☐ X
⑪ 다중 밀집시설 대형화재-소방청 ☐ O ☐ X
⑫ 내륙에서 발생한 유도선 등의 수난 사고-소방청 ☐ O ☐ X
⑬ 해양에서 발생한 유도선 등의 수난 사고-해양경찰청 ☐ O ☐ X
⑭ 전력생산용 댐의 사고-산업통상자원부 ☐ O ☐ X
⑮ 유해화학물질 유출 사고-환경부 ☐ O ☐ X
⑯ 해외에서 발생한 재난-외교부 ☐ O ☐ X
⑰ 자연우주물체의 추락·충돌-과학기술정보통신부 ☐ O ☐ X
⑱ 공동구 재난 (국토교통부가 관장하는 공동구 제외)-행정안전부 ☐ O ☐ X
⑲ 원자력안전사고(파업에 따른 가동중단으로 한정)-산업통상자원부 ☐ O ☐ X

정답
029 ×   030 O
031 ① × ② × ③ × ④ O ⑤ O
    ⑥ O ⑦ × ⑧ × ⑨ × ⑩ O
    ⑪ O ⑫ O ⑬ O ⑭ O ⑮ O
    ⑯ O ⑰ × ⑱ O ⑲ O

4. 재난 및 안전관리 업무의 총괄·조정

032 [예상] 국무총리는 국가 및 지방자치단체가 행하는 재난 및 안전관리 업무를 총괄·조정한다. ◯ | ✕

해설
032 **행정안전부장관**은 국가 및 지방자치단체가 행하는 재난 및 안전관리 업무를 총괄·조정한다.

정답
032 ✕

5. 안전관리기구 및 기능

033 [기출] 재난 및 안전관리에 관한 중요 정책을 심의하기 위하여 국무총리 소속으로 중앙안전관리위원회를 둔다. ◯ | ✕

034 [기출] 중앙위원회 위원장의 간사는 행정안전부차관이 된다. ◯ | ✕

해설
034 중앙위원회 위원장의 간사는 행정안전부**장관**이 된다.

035 [기출] 중앙위원회의 위원장은 국무총리가 되고, 위원은 대통령령으로 정하는 중앙행정기관의 장이 된다. ◯ | ✕

036 [기출] 중앙위원회 의결은 재적위원 2/3 출석과 1/2 찬성으로 한다. ◯ | ✕

036 중앙위원회 의결은 재적위원 **과반수** 출석과 **과반수** 찬성으로 한다.

037 [기출] 중앙안전관리위원회에 상정될 안건을 사전에 검토하기 위해 중앙안전관리위원회에 안전정책조정위원회를 둔다. ◯ | ✕

정답
033 ◯ 034 ✕ 035 ◯ 036 ✕
037 ◯

해설

039
안전정책조정위원회의 간사는 행정안전부의 재난안전관리사무를 담당하는 본부장이 된다.

042
중앙안전관리위원회는 재난사태의 선포에 관한 사항과 특별재난지역의 선포에 관한 사항을 심의한다.

043
② 국가 안전관리기본계획에 관한 사항
④ 중앙행정기관의 장이 수립·시행하는 계획, 점검·검사, 교육·훈련, 평가, 안전기준 등 재난 및 안전관리 업무의 조정에 관한 사항
⑤ 재난의 대응·복구에 관한 사항

---

038 안전정책조정위원회 위원장은 행정안전부장관이 된다. ⓞ│✕

039 (예상) 안전정책조정위원회의 간사는 행정안전부차관이 된다. ⓞ│✕

040 (기출) 행정안전부장관은 매년 재난 및 안전관리 사업의 효과성 및 효율성을 평가하고, 그 결과를 관계 중앙행정기관의 장에게 통보하여야 한다. ⓞ│✕

041 (기출) 지역별 재난 및 안전관리에 관한 사항을 심의·조정하기 위하여 시·도지사 소속으로 시·도 안전관리위원회를 둔다. ⓞ│✕

042 (기출) 중앙안전관리위원회는 재난사태의 선포에 관한 사항을 심의하고, 안전정책조정위원회는 특별재난지역의 선포에 관한 사항을 심의한다. ⓞ│✕

043 (기출) 중앙안전관리위원회 심의사항
① 재난 및 안전관리에 관한 중요 정책의 사항 ⓞ│✕
② 국가 및 지방자치 안전관리기본계획에 관한 사항 ⓞ│✕
③ 재난사태 또는 특별재난지역의 선포에 관한 사항 ⓞ│✕
④ 중앙행정기관의 장이 수립·시행하는 계획, 점검·검사, 교육·훈련, 평가, 안전기준 등 재난 및 안전관리업무의 조정에 관한 사항 ⓞ│✕
⑤ 재난의 대응·복구에 관한 사항 ⓞ│✕

정답
038 ⓞ 039 ✕ 040 ⓞ 041 ⓞ
042 ✕
043 ① ⓞ ② ✕ ③ ⓞ ④ ✕ ⑤ ⓞ

044 안전정책조정위원회의 심의사항으로 세부집행계획, 국가핵심기반의 지정, 재난 및 안전관리기술 집행계획에 심의 등이 있다. O|X

> **044** 안전정책조정위원회의 심의사항으로 집행계획, 국가핵심기반의 지정, 재난 및 안전관리기술 종합계획에 심의 등이 있다.

045 실무위원회의 위원장은 행정안전부의 재난안전관리사무를 담당하는 본부장이 맡는다. O|X

046 중앙재난방송협의회의 구성 및 운영에 필요한 사항은 행정안전부령으로 정한다. O|X

> **046** 중앙재난방송협의회의 구성 및 운영에 필요한 사항은 대통령령으로 정한다.

047 조정위원회의 위원장은 재난 및 안전관리에 관한 민관 협력관계를 원활히 하기 위하여 중앙안전관리민관협력위원회를 구성·운영해야 한다. O|X

> **047** 조정위원회의 위원장은 재난 및 안전관리에 관한 민관 협력관계를 원활히 하기 위하여 중앙안전관리민관협력위원회를 구성·운영할 수 있다.

048 재난긴급대응단은 재난현장에서 임무의 수행에 관하여 통합지원본부의 장 또는 긴급구조통제단장의 지휘·통제를 따른다. O|X

정답 044 × 045 ○ 046 × 047 × 048 ○

6 재난안전대책본부 등

LINK 388~394p

049 대통령령으로 정하는 대규모 재난의 대응·복구를 총괄하기 위하여 행정안전부에 중앙재난안전대책본부를 둔다. O|X

정답 049 ○

해설

053
중앙재난안전대책본부회의에서는 재난복구계획에 관한 사항을 심의·확정, **재난예방대책**·재난응급대책 등에 관한 사항을 협의한다.

054
재난관리주관기관의 장은 재난이 발생하거나 발생할 우려가 있는 경우에는 재난상황을 효율적으로 관리하고 재난을 수습하기 위한 중앙사고수습본부를 신속하게 설치·운영하여야 한다.

056
중앙대책본부장은 해외재난 시 수습지원단을 구성하고 **행정안전부장관**은 중앙재난안전상황실을 설치·운영한다.

정답
050 O 051 O 052 O 053 X
054 X 055 O 056 X

---

050 해외재난 시 외교부장관이 중앙재난안전대책본부장의 권한을 행사한다. [O | X]

051 폭우로 인한 홍수가 일어나는 재난이 발생했다. 이 경우 행정안전부장관이 중앙재난안전대책본부의 본부장이 된다. [O | X]

052 재난의 효과적인 수습을 위하여 국무총리가 중앙대책본부장의 권한을 행사할 수 있다. 이 경우 행정안전부장관, 외교부장관 또는 원자력안전위원회 위원장이 차장이 된다. [O | X]

053 중앙재난안전대책본부회의에서는 재난복구계획에 관한 사항을 심의·확정, 재난대응계획·재난응급대책 등에 관한 사항을 협의한다. [O | X]

054 행정안전부장관은 재난이 발생하거나 발생할 우려가 있는 경우에는 재난상황을 효율적으로 관리하고 재난을 수습하기 위한 중앙사고수습본부를 신속하게 설치·운영하여야 한다. [O | X]

055 시·군·구 재난안전대책본부장은 시장·군수·구청장이며, 시·군·구 긴급구조통제단장은 소방서장이다. [O | X]

056 국무총리는 해외재난 시 수습지원단을 구성하고 중앙재난안전상황실을 설치·운영한다. [O | X]

057 해외재난 시 재외공관의 장은 소방청장에게 보고한다. O|X

057
해외재난 시 재외공관의 장은 **외교부장관**에게 보고한다.

정답
057 ×

7 안전관리계획

LINK 395~397p

058 국가안전관리기본계획수립은 소방청장이 5년마다 수립한다. O|X

058
국가안전관리기본계획수립은 **국무총리**가 5년마다 수립한다.

059 국가 안전관리기본계획에는 재난에 관한 대책과 생활안전, 교통안전, 산업안전, 시설안전, 범죄안전, 식품안전, 안전취약계층 안전 및 그 밖에 이에 준하는 안전관리에 관한 대책이 포함되어야 한다. O|X

060 국무총리는 대통령령으로 정하는 바에 따라 국가의 재난 및 안전관리 업무에 관한 기본계획의 수립지침을 작성하여 중앙행정기관의 장에게 통보하여야 한다. O|X

정답
058 ×　059 O　060 O

8 재난의 4단계

해설

061
③ 안전등급 C등급: 반기별 1회 이상

062
재난관리책임기관의 장은 재난관리를 위하여 필요한 물품, 재산 및 인력 등의 물적·인적자원(이하 "재난관리자원"이라 한다)을 비축하거나 지정하는 등 체계적이고 효율적으로 관리하여야 한다.

065
현장조치 행동매뉴얼은 재난현장에서 임무를 직접 수행하는 기관의 행동조치 절차를 구체적으로 수록한 문서이다.

정답
061 ① ○ ② ○ ③ × ④ ○ ⑤ ○
062 × 063 ○ 064 ○ 065 ×

---

061 〔기출〕
정기안전점검 실시기준
① 안전등급 A등급: 반기별 1회 이상
② 안전등급 B등급: 반기별 1회 이상
③ 안전등급 C등급: 반기별 2회 이상
④ 안전등급 D등급: 월 1회 이상
⑤ 안전등급 E등급: 월 2회 이상

062 〔기출〕
재난관리주관기관의 장은 재난관리를 위하여 필요한 물품, 재산 및 인력 등의 물적·인적자원(이하 "재난관리자원"이라 한다)을 비축하거나 지정하는 등 체계적이고 효율적으로 관리하여야 한다.

063 〔기출〕
행정안전부장관과 재난관리책임기관의 장은 긴급안전점검 결과 재난 발생의 위험이 높다고 인정되는 시설 또는 지역에 대하여는 대통령령으로 정하는 바에 따라 그 소유자·관리자 또는 점유자에게 재난예방을 위한 안전조치를 할 것을 명할 수 있다.

064 〔기출〕
위기관리표준매뉴얼은 국가적 차원에서 관리가 필요한 재난에 대하여 재난관리 체계와 관계 기관의 임무와 역할을 규정한 문서로 재난관리주관기관의 장이 작성하는 문서이다.

065 〔기출〕
위기대응 실무매뉴얼은 재난현장에서 임무를 직접 수행하는 기관의 행동조치 절차를 구체적으로 수록한 문서이다.

066 훈련주관기관의 장은 관계 기관과 합동으로 참여하는 재난대비훈련을 각각 소관 분야별로 주관하여 연 1회 이상 실시하여야 한다. O│X

067 중앙재난안전대책본부장은 대통령령으로 정하는 재난이 발생하거나 발생할 우려가 있는 경우 사람의 생명·신체 및 재산에 미치는 중대한 영향이나 피해를 줄이기 위하여 긴급한 조치가 필요하다고 인정하면 중앙안전관리위원회의 심의를 거쳐 재난사태를 선포할 수 있다. O│X

067 **행정안전부장관**은 대통령령으로 정하는 재난이 발생하거나 발생할 우려가 있는 경우 사람의 생명·신체 및 재산에 미치는 중대한 영향이나 피해를 줄이기 위하여 긴급한 조치가 필요하다고 인정하면 중앙안전관리위원회의 심의를 거쳐 재난사태를 선포할 수 있다.

068 재난사태가 선포된 지역에 할 수 있는 조치
① 조치권자: 행정안전부장관 및 지방자치단체의 장 O│X
② 재난경보의 발령, 재난관리자원의 동원, 위험구역 설정, 대피명령, 응급지원 O│X
③ 해당지역에 소재하는 행정기관 소속 공무원의 비상소집 O│X
④ 재난예방에 필요한 조치 O│X
⑤ 해당 지역에 대한 여행 등의 이동 자제 금지 O│X

068 ⑤ 해당 지역에 대한 여행 등의 이동 자제 **권고**

069 재난이 발생할 우려가 있거나 재난이 발생하였을 때에 즉시 취해야 하는 응급조치
① 응급지원에 필요한 비용부담 O│X
② 피해시설의 응급복구 및 방역과 방범, 그 밖의 질서 유지 O│X
③ 긴급수송 및 구조 수단의 확보 O│X
④ 급수 수단의 확보, 긴급피난처 및 구호품 등 재난관리자원의 확보 O│X
⑤ 현장지휘통신체계의 확보 O│X

069 ① 응급지원에 필요한 비용부담

070 긴급구조에 관한 사항의 총괄·조정, 긴급구조기관 및 긴급구조지원기관이 하는 긴급구조활동의 역할 분담과 지휘·통제를 위하여 소방청에 중앙긴급구조통제단을 둔다. O│X

정답
066 O 067 ×
068 ① O ② O ③ O ④ O ⑤ ×
069 ① × ② O ③ O ④ O ⑤ O
070 O

해설

071
중앙긴급구조통제단의 단장은 **소방청장**이 된다.

074
긴급구조통제단장은 긴급구조지원요원의 현장 출동의 **지원을 요청할 수 있다.**

077
② 경보의 발령
④ 진화·수방·지진방재, 그 밖의 응급조치와 구호

---

071 중앙긴급구조통제단의 단장은 행정안전부장관이 된다. ◯|✕

072 중앙통제단장은 긴급구조를 위하여 필요하면 긴급구조지원기관 간의 공조체제를 유지하기 위하여 관계 기관·단체의 장에게 소속 직원의 파견을 요청할 수 있다. ◯|✕

073 중앙통제단의 구성·기능 및 운영에 필요한 사항은 대통령령으로 정한다. ◯|✕

074 긴급구조통제단장은 긴급구조지원요원의 현장 출동을 명령할 수 있다. ◯|✕

075 지역통제단장은 긴급구조를 위하여 필요하면 긴급구조지원기관간의 공조체제를 유지하기 위하여 관계 기관·단체의 장에게 소속직원의 파견을 요청할 수 있다. ◯|✕

076 중앙긴급구조통제단장은 소방청장이다. ◯|✕

077 지역통제단장 및 시·군·구청장 중 지역통제단장이 하여야 하는 응급조치
① 긴급수송 및 구조 수단의 확보 ◯|✕
② 경보의 발령 ◯|✕
③ 현장지휘통신체계의 확보 ◯|✕
④ 진화·수방·지진방재, 그 밖의 응급조치와 구호 ◯|✕

정답
071 ✕ 072 ◯ 073 ◯ 074 ✕
075 ◯ 076 ◯
077 ① ◯ ② ✕ ③ ◯ ④ ✕

078 재난현장에서는 시·군·구 긴급구조통제단장이 긴급구조활동을 지휘한다. 다만, 치안활동과 관련된 사항은 관할 경찰관서의 장과 협의하여야 한다. O|X

079 동원명령, 대피명령, 위험구역의 설정, 강제대피조치, 통행제한, 응원의 명령권자는 시장·군수·구청장, 지역통제단장이다. O|X

해설

079 동원명령, 대피명령, 위험구역의 설정, 강제대피조치, 통행제한, 응원의 명령권자는 시장·군수·구청장, 지역통제단장이다.
→ 동원명령: 중앙대책본부장, 시장·군수·구청장(시·군·구 대책본부가 운영되는 경우)
→ 응원: 시장·군수·구청장

080 긴급구조지휘대의 구성으로 현장지휘요원, 자원지원요원, 통신지원요원, 안전관리요원, 상황조사요원, 구급지휘요원 등이 있다. O|X

081 긴급구조지원기관에서 긴급구조업무와 재난관리업무를 담당하는 부서의 담당자 및 관리자는 신규교육을 받은 후 3년마다 정기적으로 긴급구조교육을 받아야 한다. O|X

081 긴급구조지원기관에서 긴급구조업무와 재난관리업무를 담당하는 부서의 담당자 및 관리자는 신규교육을 받은 후 **2년**마다 정기적으로 긴급구조교육을 받아야 한다.

082 긴급구조지휘대의 구성 및 기능에서 긴급구조지휘대를 구성에 해당하는 자는 통제단이 설치·운영되는 경우 구분에 따라 해당부서에 배치되는데 통신지원요원은 현장지휘부에 배치된다. O|X

083 안전관리요원은 긴급구조통제단의 현장지휘부에 배치된다. O|X

정답
078 O 079 X 080 O 081 X
082 O 083 O

해설

084
④ 긴급구조기관 및 긴급구조지원기관의 긴급구조요원, 긴급구조지원요원 및 재난관리자원의 배치와 운용
⑤ ~~재난 피해상황 조사~~

084 긴급구조 현장지휘 사항 〔기출〕
① 사상자의 응급처치 및 의료기관으로의 이송 O|X
② 추가 재난의 방지를 위한 응급조치 O|X
③ 긴급구조지원기관 및 자원봉사자 등에 대한 임무의 부여 O|X
④ 재난관리책임기관 및 긴급구조책임기관의 긴급구조요원, 긴급구조지원요원 및 재난관리자원의 배치와 운용 O|X
⑤ 재난 피해상황 조사 O|X

085 〔예상〕
긴급구조기관의 장이 수립하는 긴급구조대응계획은 기본계획, 기능별 긴급구조대응계획, 재난유형별 긴급구조대응계획으로 구분한다. O|X

086 〔기출〕
소방청장은 긴급구조기관이 긴급구조지원기관에 대한 능력을 평가하는 데에 필요한 평가지침을 매년 수립하여 다른 긴급구조기관의 장에게 통보하여야 한다. O|X

087 〔기출〕
해상에서 발생한 선박이나 항공기 등의 조난사고의 긴급구조활동에 관하여는 「수상에서의 수색·구조 등에 관한 법률」 등 관계 법령에 따른다. O|X

088 〔기출〕
소방청장은 항공기 조난사고가 발생한 경우 항공기 수색·구조계획을 수립·시행하여야 한다. O|X

089
소방청장은 항공기 조난사고가 발생한 경우 항공기 수색과 인명구조를 위하여 항공기 수색·구조 계획을 수립·시행하여야 한다.

089 〔기출〕
국방부장관은 항공기 조난사고가 발생한 경우 항공기 수색과 인명구조를 위하여 항공기 수색·구조 계획을 수립·시행하여야 한다. O|X

정답
084 ① ○ ② ○ ③ ○ ④ × ⑤ ×
085 ○ 086 ○ 087 ○
088 ○ 089 ×

090 국방부장관은 항공기나 선박의 조난사고가 발생하면 관계 법령에 따라 긴급구조업무에 책임이 있는 기관의 긴급구조활동에 대한 군의 지원을 신속하게 할 수 있도록 조치를 취하여야 한다. ⃝ⅠX

091 국방부장관이 설치하는 탐색구조본부의 구성과 운영에 필요한 사항은 국방부령으로 정한다. ⃝ⅠX

092 행정안전부장관은 대통령령으로 정하는 규모의 재난이 발생하여 국가의 안녕 및 사회질서의 유지에 중대한 영향을 미치거나 피해를 효과적으로 수습하기 위하여 특별한 조치가 필요하다고 인정하거나 지역대책본부장의 요청이 타당하다고 인정하는 경우에는 중앙위원회의 심의를 거쳐 해당 지역을 특별재난지역으로 선포할 것을 대통령에게 건의할 수 있다. ⃝ⅠX

092
중앙대책본부장은 대통령령으로 정하는 규모의 재난이 발생하여 국가의 안녕 및 사회질서의 유지에 중대한 영향을 미치거나 피해를 효과적으로 수습하기 위하여 특별한 조치가 필요하다고 인정하거나 지역대책본부장의 요청이 타당하다고 인정하는 경우에는 중앙위원회의 심의를 거쳐 해당 지역을 특별재난지역으로 선포할 것을 대통령에게 건의할 수 있다.

093 지역대책본부장은 관할지역에서 발생한 재난에 대해 중앙대책본부장에게 특별재난지역의 선포건의를 요청할 수 있다. ⃝ⅠX

094 특별재난지역을 선포하는 경우에 중앙대책본부장은 특별재난지역의 구체적인 범위를 정하여 공고하여야 한다. ⃝ⅠX

095 자연재난으로서 「자연재난 구호 및 복구 비용 부담기준 등에 관한 규정」에 따른 국고 지원 대상 피해 기준금액의 2.5배를 초과하는 피해가 발생한 재난은 특별재난의 범위에 포함된다. ⃝ⅠX

정답
090 ⃝ 091 ⃝ 092 ✕ 093 ⃝
094 ⃝ 095 ⃝

해설

096
③ 고등학생 학자금 면제

096 특별재난지역으로 선포된 지역 주민의 생계안정을 위한 국고보조
① 통신·전기요금 납부유예 등의 간접지원 ○|X
② 세입자 보조 생계안정 지원 ○|X
③ 대학생 학자금 면제 ○|X
④ 주거용 건축물 복구비 지원 ○|X

097
국가와 지방자치단체로부터 재난으로 피해를 입은 시설의 복구와 피해주민의 생계 안정을 위해 지원되는 금품 또는 이를 지급받을 권리는 양도하거나 담보로 제공할 수 **없다**.

097 국가와 지방자치단체로부터 재난으로 피해를 입은 시설의 복구와 피해주민의 생계 안정을 위해 지원되는 금품 또는 이를 지급받을 권리는 양도하거나 담보로 제공할 수 있다. ○|X

정답
096 ① ○ ② ○ ③ × ④ ○
097 ×

9 안전문화 진흥
LINK 422~424p

해설

098
중앙행정기관의 장과 지방자치단체의 장은 소관 재난 및 안전관리업무와 관련하여 국민의 안전의식을 높이고 안전문화를 진흥시키기 위한 안전문화활동을 적극 추진하여야 한다.

098 국가와 지방자치단체의 장은 소관 재난 및 안전관리업무와 관련하여 국민의 안전의식을 높이고 안전문화를 진흥시키기 위한 안전문화활동을 적극 추진하여야 한다. ○|X

099 행정안전부장관은 5년마다 재난 및 안전관리에 관한 과학기술의 진흥을 위하여 재난 및 안전관리기술개발 종합계획을 수립하여야 한다. ○|X

100 매월 4일은 안전점검의 날이다. ○|X

정답
098 × 099 ○ 100 ○

| □□□ **기출**
101 예방·대비·대응·복구 단계(주관식)
① 국가재난관리기준의 제정·운용: (   )
② 재난 예보·경보체계 구축·운영: (   )
③ 재난안전분야 종사자 교육: (   )
④ 재난안전통신망의 구축·운영 : (   )
⑤ 재난방지시설의 관리: (   )
⑥ 재난현장 긴급통신수단의 마련: (   )
⑦ 특별재난지역의 선포: (   )
⑧ 피해조사 및 복구계획 수립·시행: (   )
⑨ 재난현장 긴급통신수단의 마련: (   )
⑩ 위기관리 매뉴얼 작성·운용: (   )
⑪ 피해상황을 조사하고, 자체복구계획을 수립·시행: (   )
⑫ 재난대비훈련 기본계획 수립: (   )

해설
101
① 대비
② 대응
③ 예방
④ 대비
⑤ 예방
⑥ 대비
⑦ 복구
⑧ 복구
⑨ 대비
⑩ 대비
⑪ 복구
⑫ 대비